SMARKETING

Editor-Chefe:
Eduardo Infante

Diagramação:
Ernani Andrade

Capa:
Roberto Dohan

Dados Internacionais de Catalogação na Publicação (CIP)
(Câmara Brasileira do Livro, SP, Brasil)

Gosling, Renato
Smarketing : vendas & marketing : dois lados da mesma moeda / Renato Gosling, Zé Luiz Tavares. -- São Paulo : Prata Editora, 2017.

Bibliografia.
ISBN: 978-85-86307-70-6

1. Administração de vendas 2. Clientes - Contatos 3. Empresas - Administração 4. Marketing 5. Negociação 6. Sucesso em negócios I. Tavares, Zé Luiz. II. Título.

17-06954 CDD-658.8

Índices para catálogo sistemático:

1. Vendas e marketing : Administração de empresas 658.8

Prata Editora e Distribuidora

www.prataeditora.com.br

facebook/prata editora

SMARKETING

Vendas & Marketing: dois lados da mesma moeda

Renato Gosling

Zé Luiz Tavares

Prata

São Paulo-SP

Brasil

Amante da vida, é casado com Juliana e pai de Gustavo e Eduardo. É pescador frustado, mas, esforçado.

Desde quando comprava adesivos no centro de São Paulo e vendia para os colegas da escola, seguiu respirando vendas durante a vida acadêmica, se graduando em Administração de Empresas pela PUC-SP e com especialização em Business pela FGV. Logo, se destacou por buscar formas inovadoras de desenvolver novos negócios em mercados inovadores, trabalhando em empresas que lançaram tendências no mundo digital.

Foi assim que construiu sua trajetória como gestor de contas da Rede Elemidia (mídia digital out of home) e Hands (mobile marketing) e como sócio-diretor comercial da FingerTips (aplicativos multiplataforma, sites móveis e games), empresa adquirida pelo Grupo RBS.

Nessa jornada, Gosling sempre precisou vender o invisível, e vendeu. Criou relacionamentos com empresas como PepsiCo, Bradesco, Tecnisa, Cyrella, Dell Brasil, Nestlé, Fiat, HSM, Sul América, Natura, IBM e Amil, entre outras.

Hoje, compartilha conhecimento como professor de pós-graduação da Faculdade Impacta e em palestras, workshops e treinamentos já realizados para empresas como Tecnisa, Oracle, FIESC, UOL, Cabify, Sebrae, entre outras.

Gosling possui também dois livros publicados:

"O Vendedor do Futuro"
DOWNLOAD GRATUITO

"As 360 frases impactantes e inspiradoras para seu negócios"
DOWNLOAD GRATUITO

prospecta·one
Conquistando com você

Ajuda pessoas que trabalham em empresas B2B de vários portes e segmentos de mercado a encontrarem as pessoas certas e evoluirem em seus relacionamentos para alcançar suas metas de prospecção de maneira mais efetiva e sem complicações.

Além disto, auxilia em mapear o que está acontecendo com seus prospects para você ser mais assertivo no follow-up. Trabalha integrado com CRM'S e sistema de pré-vendas

"Os pingos da chuva fazem um buraco na pedra não pela violência, mas por cair com freqüência."

Lucretius

PROSPECTA·INC
TREINAMENTOS E PALESTRAS

O propósito da ProspectaInc é ajudar as pessoas a fazerem negócios mais facilmente, através de, treinamentos, workshops e palestras abordando temas como "prospecção", "networking", "follow-up" e "inbound e outbound marketing" e "técnicas de vendas". Tudo isto realizado incompany de acordo com os interesses e de cada cliente e logicamente bem customizado.

Aqui acreditamos: "O que eu ouço esqueço, o que vejo lembro e o que eu faço aprendo".

À minha família, base de todas as minhas conquistas e vitórias.
Meus filhos Dudu, Gustavo e ao meu amor, Juliana.
Aos meus pais e irmãs, núcleo gerador do hoje.

Renato Gosling

AGRADECIMENTO

Para as razões do meu ser: Juliana, minha esposa e mãe de meus maravilhosos filhos, Gustavo e Eduardo. Aos meus pais Jack e Solange, minhas irmãs Priscila, Cristiane e amigos que sempre me deram apoio em todas as minhas loucuras. Aos participantes do meu primeiro livro *O Vendedor do Futuro*, meus sócios, clientes e aliados que ajudaram ou ajudam de alguma forma a minha evolução e crescimento.

Agradeço a todos vocês.

SUMÁRIO

PREFÁCIO

Bem-vindo de volta à Era do SMarketing

Comecei minha carreira em 1978, numa respeitada agência de propaganda na cidade de São Paulo. Os anos dourados da publicidade já chegavam ao fim, mas ainda se tinha o maior respeito e admiração por aquelas pessoas "diferentes, irreverentes e geniais", denominadas publicitários.

Do outro lado da mesa, na cadeira do cliente, quem se sentava era o diretor comercial, o mesmo cara que mandava na equipe de vendas e passava o briefing para o pessoal da agência. Naquele tempo, eram raros os "departamentos de marketing". Talvez em uma ou outra multinacional, mas na grande maioria dos casos, quem mandava mesmo no Marketing era o principal homem de Vendas da empresa.

Tive o privilégio de conhecer, trabalhar e aprender com vários deles.

Com os anos 1990, comecei a sentir a mudança de perfis do outro lado da mesa. Uma turma mais jovem, de melhor formação acadêmica e praticamente nenhuma experiência em vendas começou a mandar nas verbas de promoção e comunicação. Era a "libertação" do marketing. O que era ferramenta virou departamento. O que era função virou cargo. E aí começou a conhecida história de rivalidade dentro das organizações.

Do lado de Vendas, o imediatismo das metas a serem batidas e um profundo desprezo e até ignorância sobre as inovações mercadológicas adotadas na sala ao lado.

Do lado do Marketing, a arrogância expressa em incontáveis anglicismos e uma preocupação cada vez maior com a marca, com a forma, com os prêmios, com as festas.

Com o tempo, a distância entre Vendas e Marketing foi só aumentando, até que — talvez graças às métricas da era digital — os pontos começaram novamente a se encontrar, fazendo nascer a tal da era do SMarketing.

Uma era de realinhamento entre Vendas e Marketing, de ressignificação das ferramentas, de revalorização da eficiência, enfim, uma era que já havíamos vivido, mas que muito pouca gente se lembrava.

Uma era em que especialistas dão lugar a nexialistas, em que Vendas e Marketing deixam de ser meras áreas ou departamentos para se tornarem missões fundamentais de todos os que habitam os negócios na nova economia do compartilhamento e da colaboração. Apesar de não ter vivenciado a época em que Vendas e Marketing cohabitavam o mesmo corpo, Renato Gosling é um dos raros espécimes de sua geração que ainda mantém vivo o DNA daquele tempo.

Sua habilidade no trato com pessoas e seu incansável interesse em aprender fez com que, durante toda a sua carreira, trafegasse com desenvoltura pelos até então separados mundos do Marketing e das Vendas, ajudando a diluir cada vez mais essa ilógica fronteira.

Renato já vendeu comunicação, vendeu espaço, vendeu serviços, vendeu novidades, vendeu sonhos. Alguns pesadelos, também! E já há algum tempo, vem vendendo motivação, orientação e aproximação entre clientes e fornecedores, compradores e vendedores, profissionais de marketing e de vendas.

Para a produção deste seu segundo livro, tive o prazer de conviver intensamente com Renato e ficou claro para nós dois a complementariedade de nossos perfis profissionais: ele, um vendedor apaixonado e profundamente envolvido com o marketing em todas as empresas por onde passou; eu, um marketeiro (no bom sentido da palavra) obcecado pela eficiência e pelos resultados das ações que planejo e crio para meus clientes.

Por isso, decidimos fazer de *SMarketing — Vendas & Marketing: dois lados da mesma moeda*, mais do que apenas um livro, uma obra de dois volumes complementares.

O primeiro é este que você tem em mãos, no qual Renato reúne de forma clara e organizada os aprendizados de mais de 20 anos de militância (no bom sentido da palavra, também) em Vendas.

O outro volume ainda está por vir. Provavelmente em 2018. Nele, será a minha vez de explorar o conceito SMarketing sob uma ótica diferente, mas complementar.

Espero que você — seja vendedor ou marketeiro, empreendedor ou executivo — aprecie e utilize intensivamente no seu dia a dia os conselhos, técnicas e segredos que Renato generosamente compartilha neste primeiro volume.

A ponto de que, no lançamento do próximo volume, você esteja ávido por ainda mais conhecimento, tão necessário nessa nova-velha Era do SMarketing.

Afinal, todos nós estamos aqui para vender alguma coisa para alguém, não é mesmo?

Zé Luiz Tavares
www.zeluiztavares.com.br | eu@zeluiztavares.com.br

INTRODUÇÃO
Eu amo vender

Ao decidir escrever este livro, meu principal objetivo foi o de ajudar as pessoas a fazerem negócios mais facilmente. Aqui, eu ofereço o meu conhecimento e a minha experiência de cerca de vinte anos na área de vendas, em diversas empresas, atuando em todas as fases do processo comercial. Desde o início, trabalhei prospectando, indo atrás de clientes, "ralando" para vender, sem demagogia. Esses anos todos me deram uma grande bagagem em prospecção, follow up, networking e, mais recentemente, em Inbound e Outbound Marketing, técnicas de vendas e treinamento de equipes.

O treinamento básico em vendas, pelo qual eu passei no início da minha carreira, é uma rotina que a maioria dos profissionais do departamento comercial, atualmente, não gosta de fazer e raramente faz. Eu realizava mais de 50 cold calls por dia, ou seja, 50 ligações para possíveis clientes que não faziam a menor ideia de quem eu era ou sequer conheciam a empresa que eu representava. Por ter aprendido a fazer as coisas da maneira mais difícil, espero poder contribuir para que você possa realizar boas vendas, ou melhor, bons negócios, otimizando seus esforços e utilizando as melhores práticas e as mais eficientes tecnologias disponíveis no mercado.

Nunca antes o ato de vender teve tanto a ver com alta tecnologia, como nos dias de hoje. Entretanto, a "pegada" da old school de vendas, de onde a minha carreira partiu, está se tornando um grande diferencial, na medida em que é cada vez menos utilizada. Hoje, principalmente no mundo das startups, são utilizadas muitas técnicas, estratégias e gatilhos, através de meios digitais, fazendo com que as pessoas se esqueçam de olhar no olho, perguntar, deixar a pessoa falar, saber escutar etc.

O melhor para um profissional da área de vendas é se tornar um híbrido, utilizando técnicas da old school e, também, técnicas modernas, digitais. Além disso, é vital que se tenha paciência, força de vontade e "garra" para ir atrás dos clientes. As técnicas de vendas, por motivos óbvios, devem ser adequadas aos diversos tipos de negócios, pois em muitas situações, as técnicas digitais ou as de old school podem não ser viáveis, mas, via de regra, vale a pena utilizarmos os dois tipos de técnicas de vendas.

Neste livro, você vai encontrar uma leitura leve, direta, simples, mas sem deixar de ser bastante profunda. Nele, abordo os principais temas das vendas no formato tradicional, quando os profissionais faziam literalmente tudo, desde a prospecção até o pós-venda. São práticas boas, consistentes e que, por isso, resistem e continuarão resistindo ao tempo. Por outro lado, trago para esta obra a modernidade, o mundo das startups, empresas de tecnologia e do uso da tecnologia digital em favor das vendas, que é o que chamamos de Inbound e Outbound Marketing.

Muitas coisas jamais mudarão na relação entre vendedor e comprador. A importância do bom relacionamento, do olho no olho e da confiança, entre outras, sempre nortearão os maiores e melhores negócios. Entretanto, o processo de vendas está gradualmente sendo reestruturado, ganhando ares tecnológicos, especialmente originados nas empresas do Vale do Silício, nos Estados Unidos, berço das empresas de tecnologia e startups de sucesso.

O que eu ofereço a você, com a leitura deste livro, é ajudá-lo a obter autonomia e eficiência em prospecção, follow up, networking, inbound e outbound Marketing e técnicas de vendas e treinamento de equipes. Resumidamente, trago os erros e os acertos de cada um deles, para que você aprenda e descubra que a experiência mais barata é aquela aprendida de quem já a vivenciou.

É um pouco de tudo isso que você encontrará aqui, com informações valiosas para aumentar as suas vendas, sua produtividade e os lucros do seu negócio. Tenho certeza de que muito do conteúdo desta obra será tão útil que você colocará em prática antes mesmo de terminar a leitura. Mas, ao escrevê-lo, tive a intenção de produzir um livro atemporal, para que você possa ler, reler, consultar e "afiar o machado" durante anos.

Abraços e bons negócios,

Renato Gosling
www.renatogosling.com | renato@renatogosling.com

1 CONHECIMENTO

Você sabe mesmo o que está vendendo?

Todas as empresas existem por um simples motivo: gerar lucros para seus donos e investidores. Sem o lucro, não há retorno de investimento para os proprietários, não há criação e manutenção de empregos, não há geração de riquezas ou qualquer outro benefício para a sociedade. E, para serem lucrativas, as empresas precisam VENDER seus produtos e serviços. Você precisa ser sempre otimista, mas sem ser **over**! Nunca fique "martelando" muito tempo na venda, mas mostre segurança no que fala. Isso é superimportante! Você precisa conhecer muito bem o que está vendendo ou oferecendo, tanto os pontos fortes quanto os pontos fracos.

Certa vez, em um dos meus empregos, um chefe me disse algo que até hoje reverbero sempre que acho pertinente: "Se fosse trabalhar em uma concessionária Mercedes-Benz, pediria ao meu chefe para ficar na oficina 15 dias só olhando, perguntando e aprendendo o máximo sobre tudo, de todos os carros. Na sequência, pediria para acompanhar um vendedor, com os mesmos objetivos".

Pena que isto, hoje em dia, seja uma raridade! Mas existe esperança!

Na fabricante de colchões Tuft & Needle, fundada em 2012, em Phoenix, no estado americano do Arizona, qualquer novo contratado começa sua experiência corporativa como suporte de atendimento ao cliente, a fim de entender as necessidades organizacionais e do feedback. Depois de um tempo, mesmo já atuando no cargo para o qual foi contratado, continua seu processo de integração, não só para aprender sobre o cliente, mas sobre os produtos e processos da empresa, passando um tempo nas fábricas, interagindo com colegas de outros departamentos e entendendo claramente os desafios de cada área. A Tuft & Needle acredita que somente com a compreensão abrangente do cliente e dos colegas de trabalho é que se pode inspirar a mentalidade de "cliente em primeiro lugar", que a empresa se propõe a manter em todos os seus quadros.

Sem dúvida, conhecer muito bem aquilo que se vende é fundamental para um trabalho de sucesso. O que acontece, muitas vezes, é a troca constante das pessoas, achando que a contratação foi errada e não o preparo do profissional que não foi adequado. Philip Kotler, um dos gurus do marketing mundial: "Nem dizemos mais preparar, apontar, fogo. Hoje em dia é fogo, fogo, fogo". Talvez esteja na hora de revalorizarmos o "preparar e apontar". Porém, um grande equívoco é esperar que a empresa se preocupe em, de fato, capacitar seus vendedores. Se ela fizer, ótimo! Mas não dá mais para ficar contando com isso.

Duas das empresas em que trabalhei, não proporcionavam essa capacitação em produtos, e nem sempre eu buscava me aperfeiçoar da maneira que deveria. Esse "comodismo" é natural do ser humano, mas fica a dica: seja o mais curioso possível e não espere dos outros o que você precisa ou quer. Prova disso é o que as empresas mais estão buscando hoje em dia: pessoas com proatividade e jogo de cintura.

Conhecimento de produto é fundamental. Mas só conhecer não basta: para vender bem, você tem que acreditar naquilo que está vendendo.

Segundo Nélio Bilate — fundador da empresa de coaching NB HEART Human Development e consultor da DBM Brasil —, "Pode ser que alguém consiga vender qualquer coisa. Só não sei se consegue ser realmente próspero em qualquer coisa que venda. Vender e ter prosperidade são duas coisas diferentes. Só vendemos bem algo em que acreditamos. Isso está ligado a nossos valores, ao que aprendemos quando crianças e na vida, ao que somos de fato. Está ligado àquilo em que pautamos nossa existência. Penso que os vendedores se preocupam muito pouco com isso".

"Só vendemos bem algo em que acreditamos."
Nélio Bilate

2 SELEÇÃO
Como encontrar o interlocutor certo

De nada adianta ter produtos ou serviços de ótima qualidade se não houver a geração de receita compatível com as necessidades da empresa. E, para isso, voltamos à importância das VENDAS. E é nas vendas que a prospecção se torna um elemento-chave, um fator crítico para o sucesso das empresas.

Prospectar é lutar para conquistar novos clientes ou mesmo vender para clientes atuais o que não é demandado. Representa a luta da empresa por um lugar ao sol no seu mercado que, invariavelmente, será muito competitivo. Vamos juntos avaliar e tentar aperfeiçoar as suas práticas de prospecção, pois, tenho certeza, poderemos melhorar os resultados que você tem obtido até agora. Prospectar é um aprendizado constante e, neste livro, vou passar a você um pouco do meu conhecimento e experiência nesta área.

Tenha um plano de ataque

Eu costumo dizer que não adianta pegar a revista *Exame* e sair ligando para todas as empresas mencionadas na publicação. Para termos um plano de ataque, precisamos avaliar caso a caso.

No início da minha carreira, meu chefe pegava a *Exame Melhores e Maiores*, colocava na minha mão e falava: "prospecta!". Isso, hoje em dia, não tem mais razão de ser, diante das tecnologias e facilidades disponíveis. Não precisa ir muito longe: um Linkedin e um Excel já ajudam muito, sem mencionar os softwares específicos. O importante é você perseguir seus objetivos de vendas e, para isso, a melhor maneira é ter um plano de ataque bem definido.

As maiores empresas de tecnologia do mundo atual — localizadas no Vale do Silício, região do estado da Califórnia, nos Estados Unidos – utilizam um plano de ataque no qual desmembram o processo de prospecção de uma maneira muito eficiente. Elas criaram as funções de **hunter** (caçador), que é a pessoa que descobre e vai atrás dos clientes em potencial e **closer**, que é aquele que recebe as demandas e fecha os negócios. São duas pessoas diferentes, com habilidades específicas e que, juntas, otimizam muito os resultados. Este é um formato que tem funcionado muito bem para as grandes empresas de tecnologia.

Tendo como base o exemplo destas empresas, podemos voltar à primeira regra de ouro da prospecção: você só irá conseguir bons resultados se tiver um plano de ação muito bem definido. Se não tiver um plano de ataque eficiente, de nada valerá ter produtos maravilhosos!

Entretanto, o que mais chama a atenção no plano de ataque das empresas de tecnologia do Vale do Silício é a diferença de como eram fei-tas as vendas no passado em comparação a como elas acontecem nos dias de hoje. No passado, os profissionais de venWdas faziam tudo.

No meu caso, quando comecei a minha carreira nessa área, descobrir quem era a pessoa certa na empresa que estava sendo prospectada, contornar as dificuldades para marcar uma reunião, e tentar de tudo para entender e encontrar soluções para continuar na "briga" pelo cliente. Hoje em dia, as empresas segmentam o trabalho, designando diferentes pessoas para desenvolver cada parte do processo.

E, por falar em profissionais do presente e do futuro, vale revermos um quadro que consta no meu primeiro livro, *O Vendedor do Futuro*, que pode ser baixado do meu site www.renatogosling.com.br/livros, gratuitamente.

Profissional do Passado	Profissional do Presente e Futuro
Tinha mais tempo no trabalho e para a vida pós-trabalho.	Seu bem mais escasso, e mais valioso, é o tempo.
Pronto para "pegar" às 8h00 e "largar" às 17h00	É 24/7, ou seja, alerta 24 horas por dia, sete dias por semana.
Fazia uma coisa de cada vez.	É multitarefa.
Escutava atentamente, dedicava toda a atenção a uma apresentação.	É mais disperso. Enquanto escuta, tuíta ou olha para alguma espécie de tela. Não foi acostumado a concentrar-se por muito tempo em um único assunto.
Comunicação mais formal e mais lenta.	Comunicação predominantemente informal e rápida.
O volume de dados e informações com que lidava era muito menor.	Vive em uma enxurrada de dados e informações.
Trabalhava sob baixa pressão, até porque havia poucos concorrentes (no mercado de trabalho e no mercado de empresas).	Sofre muita pressão e sente mais angústia.
Fazia o "básico".	Procura superar-se para atingir metas de alto desempenho.
Perfil mais obediente. Pessoas que respeitam normas e procedimentos, acima de tudo.	Perfil mais questionador. Pessoas que incomodam,que tiram os outros da zona de conforto. Gente que faz a gente refletir e agir.
Mais dependente da empresa, com pouca oferta de trabalho.	Menos dependente da empresa, seleciona o empregador.
Pouco comparava seus valores pessoais com os da empresa (que não eram divulgados).	Os valores da empresa são levados em conta desde o processo de seleção. A incompatibilidade com os próprios valores instiga a buscar outra oportunidade.
Admirava ou, ao menos, mostrava mais respeito em relação a quem estivesse em posição de liderança na empresa ou fora dela.	Tem menos admiração e respeito por líderes do que no passado.

Tanto para um profissional quanto para uma empresa, independente do porte, o importante é não continuar fazendo as coisas sempre da mesma forma. Afinal, é muito difícil conseguir resultados diferentes, fazendo a mesma coisa. O importante é se reinventar!

Então, o que fazer? Como criar um plano de ataque eficiente?

O primeiro passo é definir objetivos, segmentos de atuação e empresas. Por exemplo: se seu objetivo é conquistar dez novos clientes em um ano, você deve fazer uma pesquisa minuciosa, definir quais as empresas que serão "atacadas" e dividir as prospecções entre o pessoal de vendas, tentando, dentro do possível, escolher as pessoas mais indicadas para prospectar empresas específicas.

Depois, cada profissional de vendas deve ter suas metas e estratégias bem definidas, para que os resultados sejam os melhores possíveis. As metas podem ser, por exemplo, que no primeiro semestre do ano, em uma equipe de cinco profissionais de vendas, cada um prospecte dez empresas e com o objetivo final de fechar com um cliente até o final do período, repetindo-se o processo no segundo semestre, com as devidas correções de rumo. Veja um bom exemplo, na tabela a seguir.

Objetivos para o mês de setembro - 2016

ATIVIDADE	METAS	STATUS
Adicionar prospects	60	Concluído
Contatar prospects	15	Pendente
Marcar reuniões	4	Pendente
Fechar novos negócios	2	Pendente

O importante é que tudo isso seja bem definido, mesmo que de forma muito simples. O que não pode acontecer, em hipótese alguma, é deixar tudo indefinido, "no ar". Todos querem ganhar dinheiro, então, é preciso saber aonde se quer chegar.

O planejamento de prospecção tem como objetivo atingir metas de vendas. Essas metas também precisam estar bem definidas e, por exemplo, podem incluir objetivos como tornar o produto, ou serviço da empresa, o mais vendido de sua categoria até uma determinada data.

A dedicação e a "garra" são imprescindíveis para obtermos bons resultados na prospecção. "A vontade de se preparar precisa ser maior do que a vontade de vencer", frase célebre de Bob Knight, um dos mais bem-sucedidos treinadores de basquete americano, ótima para mostrar a importância do preparo na prospecção. E, ainda, a frase do mais famoso jogador de golfe do mundo, Tiger Woods: "Quanto mais eu treino, mais sorte eu tenho", também ilustra bem a importância do preparo e do plano de ataque para obtermos os melhores resultados possíveis na prospecção.

"Quanto mais eu treino,
mais sorte eu tenho."
Tiger Woods

Respeite o tempo das coisas

De maneira geral, não se consegue resultados rápidos com a prospecção e a maioria das atividades da área comercial de uma empresa. Isso porque a prospecção é um "trabalho de formiguinha". São passos pequenos, mas, importantes.

Como um bom exemplo da importância dos "passos de formiguinha", posso citar o início da minha empresa, a Prospecta Inc. Comecei a empresa fazendo prospecções para os meus clientes, colocando-os frente a frente com clientes potenciais ou empresas estratégicas.

O que costumava acontecer era que, depois de 3 meses, de fato, eu marcava por volta de 20 reuniões com os potenciais clientes dos meus clientes. É claro que, nessas primeiras reuniões, nada era vendido ou definitivamente resolvido, simplesmente porque o *timing* para a concretização dos negócios era longo, ou seja, tudo tem seu tempo certo para acontecer. Com a demora para que os negócios fossem efetivamente fechados, meus clientes começavam a questionar a validade do meu trabalho. Eu argumentava que havia avisado antes do início dos trabalhos, frisando que normalmente as vendas não acontecem nos primeiros contatos. Além disso, é preciso ter pessoas capacitadas e um time de vendas coeso. De nada adianta ter uma boa prospecção se o desfecho das vendas não for bem conduzido!

Outra coisa importante é saber ou ter noção do *sale cycle*, ou seja, do seu ciclo de vendas, que é o tempo médio necessário para a concretização de uma venda. Não adianta exigir resultados de um vendedor em um período mais curto do que o ciclo de vendas da empresa.

Não relaxe nunca

Quando tudo começa a ir bem, as pessoas tendem a relaxar nos seus esforços! Isso é uma característica comum do ser humano, mas "mata" ou, no mínimo, diminui a possibilidade de grandes resultados. É o caso de produtos que se tornam líderes de mercado e, algum tempo depois, são facilmente ultrapassados pela concorrência. É a acomodação de quem acredita que o seu produto "se vende sozinho"! Isso pode ser até verdade, mas não dura muito se você não cultivar o seu cliente e continuar sendo relevante para o mercado.

Depois de realizar várias conquistas, muitas pessoas tiram o pé do acelerador. Não pode ser assim! Tem que sempre estar com a "faca nos dentes". Há um paralelo óbvio com dietas. Fazemos um grande esforço para emagrecer, chegar a um determinado peso, ficar bem, saudáveis e, quando chegamos lá, a tendência é relaxar mesmo! É algo inerente ao ser humano. Da mesma forma que deveríamos fazer com uma dieta, temos que ter o cuidado para não relaxar nunca na prospecção, pois corremos o risco de perder a "tração comercial". Por melhor que estejam os negócios, não podemos parar nunca, pois o conforto é um dos piores inimigos que podemos ter nos negócios. Há uma frase do escritor Neale Donald Walsch que eu costumo citar nas minhas palestras, como forma de incentivar os participantes a nunca perderem a garra: "A vida começa onde termina a sua zona de conforto".

"A vida começa onde termina
a sua zona de conforto."
Neale Donald Walsch

Uma empresa não pode depender unicamente de uma fonte comercial, ou seja, de um único vendedor, diretor comercial etc. É importante fazer como muitas empresas grandes: oferecer para todos os funcionários, qualquer um, desde a recepcionista até o presidente, uma comissão sobre o negócio fechado, para quem indicar um cliente, com nome e telefone. Isso não custa nada, apenas um e-mail! Todos são incentivados a identificar oportunidades e gerar novos leads. Nós não podemos achar que toda função comercial de uma empresa deva ser responsabilidade de uma pessoa apenas. Além disso, a responsabilidade pelo sucesso ou fracasso da área comercial de uma empresa é, em última análise, do dono, CEO e principais diretores.

Mais uma vez, acho pertinente resgatar aqui um quadro do comportamento e atitude das empresas do passado e do presente / futuro, também disponível no meu livro *O Vendedor do Futuro*, que pode ser baixado do meu site www.renatogosling.com.br/livros, gratuitamente.

Empresa do Passado	**Empresa do Presente e do Futuro**
Menos preocupada em obter vantagens competitivas, porque havia menos concorrência.	Enfrenta no dia a dia o dilema entre ter e manter a vantagem competitiva ou morrer, então pressiona.
Horários rígidos.	Horários flexíveis.
Cultura de mais conversa, mais interação pessoal, mais tempo.	A cultura tende ao "somente negócios", com pouco tempo para fornecedores.
Hierarquia mais vertical e rígida.	Hierarquia mais horizontal. A comunicação flui em diferentes direções.
Terno e gravata.	O uso do terno já foi abolido em muitas organizações.
População mais homogênea de funcionários e gestores em termos de gerações.	Cinco gerações chegam a conviver no ambiente de trabalho.
Dificilmente havia alguém de fora do Brasil.	A globalização e a ascensão dos mercados emergentes trazem pessoas de diferentes culturas para o ambiente de trabalho brasileiro.
Recrutamento e seleção lentos e convencionais.	Redes sociais impulsionam indicações, atraem candidatos mais afins com a empresa e aceleram as fases iniciais de seleção.
Reinava a CLT.	Outras formas de contratar pessoas: por trabalho, vínculo temporário, terceirização, participação mínima na sociedade etc.
Fazia menos exigências para contratar e manter alguém empregado. Não era preciso ter um segundo idioma.	Exige mais preparo dos candidatos a emprego e dos funcionários. Quer mais de dois idiomas, pós-graduação etc.
O CNPJ não ia para casa.	O CNPJ vai para casa.
Distribuía as pessoas em salas, com claras divisões entre departamentos. Mais recentemente, em baias.	Layout aberto. O local de trabalho é ponto de apoio para seu notebook se conectar à internet. Não é mais personalizado.
Havia mais funções de apoio.	A recepcionista sumiu. Quem tem copeira?

3 ABORDAGEM
Você sabe com quem está falando?

É lógico que o assistente do comprador é importante, mas nós temos que saber claramente quem decide e trabalhar esse contato da melhor forma possível. É como dizem: não adianta falar com o palhaço, quando quem decide é o dono do circo. Walter Longo, presidente do Grupo Abril, costuma dizer que em todas as empresas existe a "turminha do por mim". São aqueles que dizem "por mim, eu faria, mas não depende de mim". Essas pessoas não são úteis ou relevantes. O importante é saber identificar quem faz parte dessa "turminha", pois não são apenas estagiários ou assistentes. Tem muito profissional graduado que ainda adora um "por mim".

Mas atenção: o contrário também vale! Na sua vida profissional, você poderá se deparar com assistentes, estagiários, iniciantes com enorme potencial. E, pouco tempo depois, se reencontrar com eles em cargos de decisão e chefia. Isso aconteceu comigo: eu era diretor comercial de uma empresa, respeitado, valorizado e um tanto arrogante, como era de se esperar. Certo dia, ao fazer uma visita de vendas, fui atendido por um jovenzinho, "ajudante do assistente do estagiário". Fiquei muito irritado, indignado e quase virei as costas para ir embora. Mas algo fez com que eu controlasse meu ímpeto e continuei na reunião. Começamos a conversar, e logo vi que o tal jovenzinho era um ponto fora da curva. O cara pensava e falava bem. Tinha opinião. Ele até poderia "estar" palhaço, mas "era", certamente, um dono de circo. Dito e feito: anos depois, numa visita a uma grande corporação, lá estava ele me atendendo, decidindo e fechando contrato comigo, em parte retribuindo a atenção que lhe dei no tempo em que estava começando.

4 ATENÇÃO
Ouvir antes de falar

Normalmente, quando você vai vender alguma coisa, o comprador ou potencial comprador costuma dizer algo como "pode falar... o que você quer me vender?".

O bom vendedor é aquele que, antes de realizar a visita, pesquisa três ou quatro informações sobre o comprador e conduz a abordagem de maneira despretensiosa, dizendo algo como: "Antes que eu saia falando besteira, me conta um pouco sobre o seu negócio", ou "eu soube que você lançou um produto X e um produto Y". Depois, é só deixar o comprador falar e abastecê-lo com informações importantes. Isso funciona muito bem, porque é uma posição de humildade, mas sem se colocar "por baixo". Isso mostra que você está munido com alguma informação sobre o negócio dele e, aí, a conversa acontece de maneira muito natural. Quando começa assim, todo o processo continua avançando bem. Se começar com algo errado, vai seguir errando.

"Antes que eu saia falando besteira,
me conta um pouco sobre o seu negócio."
Renato Gosling

Você não deve chegar, abrir o notebook e começar a falar. Isso é apenas pensar em você e no que você quer fazer! Primeiro, ouça o cliente. Depois, faça as perguntas certas, as mais pertinentes. Não adianta simplesmente fazer qualquer pergunta, só para mostrar interesse. O cliente vai perceber, porque não é genuíno!

Segundo Naguib Mahfouz, célebre escritor egípcio, "Você consegue saber se um homem é inteligente pelas suas respostas. Você consegue saber se um homem é sábio pelas suas perguntas". Através das perguntas certas, você faz a pessoa começar a se questionar. As pessoas não pen-sam no cliente nem com a cabeça dele. Portanto, você não deve começar uma reunião mostrando que sabe muito ou mais que o cliente sobre os produtos ou serviços dele.

"Eu não conheço tanto sua marca quanto gostaria de conhecer, mas estou aqui na sua frente com a minha verdade para falar sobre minha marca e para ouvir você falar sobre a sua, e poderemos, então, interagir".

Nélio Bilate

Tenha humildade e diga que não conhece nem o mercado nem os produtos dele tanto quanto ele ou quanto gostaria de conhecer. Isso mostra disposição para aprender. Isso ajuda muito na venda. Mas, é claro, como eu já mencionei, você não deve chegar ao primeiro contato pessoal sem se preparar, ou seja, você precisa saber o máximo possível sobre o seu cliente em potencial, mas não deve gabar-se disso para ele!

O filme *O Lobo de Wall Street* mostra uma situação na qual o protagonista faz uma *cold call*, tentando vender as ações baratas, da "papeleta rosa". Esse trecho é uma aula impressionante de como se aborda um cliente. Existe uma teoria de que em uma *cold call*, a cada 15 segundos bem conduzidos, você conquista mais 15 segundos do seu *prospect* e isso é bem retratado no filme.

5 CONEXÃO

Buscando os pontos de afinidade

Na vida, é muito importante a forma como conversamos e nos expressamos. Do mesmo modo, temos que ter muito cuidado na hora de prospectar. Sempre que falamos com as pessoas que realmente decidem, devemos nos posicionar de maneira adequada, pois todos nós gostamos de pessoas decididas, e não das que ficam "em cima do muro". Entretanto, temos que ser cuidadosos com a forma e o conteúdo do nosso discurso.

Uma dica muito importante é tentar, no decorrer da reunião e de maneira sutil, identificar pontos de afinidade. Isso é básico para criar ou fortalecer o vínculo com a pessoa.

Posso dar como exemplo uma reunião que tive, certa vez, com um cliente em potencial. Quando cheguei ao seu escritório, notei uma foto na parede, relacionada à pescaria. Como adoro pescar, ficamos conversando sobre pesca por 50 minutos! Depois disso cheguei para ele e perguntei o que faltava para ele assinar o contrato. Em 5 minutos, resolvi o problema e batemos o martelo! Eu não inventei o meu interesse em pescaria. Apenas a coincidência de termos esse hobby em comum nos aproximou, facilitando a tomada de decisão e o fechamento de um bom negócio para ambos. Buscar pontos de afinidade é realmente crucial. Para os homens, futebol costuma funcionar muito bem, para quem gosta. Isso é ótimo, porque a bola exclui raça, classe social ou qualquer tipo de divisão entre as pessoas. Para mulheres, assuntos relacionados à beleza, estética ou moda também podem funcionar muito bem!

Em uma reunião de negócios, na qual você deseja fechar uma venda ou parceria, é importante ficar atento a alguns detalhes muito importantes. Aliás, posso dizer que, para conseguirmos fechar um negócio, muitas vezes, os detalhes são determinantes. Por exemplo, você nunca deve ficar olhando para o relógio quando está com o cliente. Isso irrita ou, no mínimo, pode incomodar muito.

Empatia e objeções

Responda com sinceridade: você acha bom encontrar objeções aos seus argumentos? Saiba então que, de maneira geral, as objeções serão boas para você! Mas, por quê? A objeção do comprador, na maioria das vezes, significa um pedido e um desafio: "Me convença!".

A objeção deve ser vista como uma coisa boa, sempre. Vamos tomar como exemplo uma situação muito comum. O comprador escuta o que você tem para falar e, quando descobre o preço do produto, vem logo com um: "Está muito caro!". Nessa hora, você pode entrar com uma frase de empatia, como: "Eu te entendo. Estamos vivendo uma crise enorme e não está fácil para ninguém". Então, o comprador, do outro lado da mesa, "baixará a guarda" e ficará mais suscetível aos seus argumentos. À propósito do que é realmente "caro", eu gosto muito de uma frase do Rogério Fasano, diretor do Grupo Fasano, que diz: "Caro é um misto frio a R$12,00!".

"Não existe Jaguar com preço de Fusca!"
Marcelo Torresi

Para colocar em prática e criar empatia, repetir as coisas que o cliente fala é muito bom, desde que você realmente concorde com aquilo, senão, será algo falso, que ruirá rapidamente. Fazendo isso, você está evocando a autoestima da pessoa do outro lado. Enfim, para criar empatia, você precisará, sempre, saber se colocar no lugar da outra pessoa.

Vendedores empáticos são muito mais eficientes do que vendedores simplesmente simpáticos. A empatia cria laços, estabelece conexões e, principalmente, forma aquilo que costuma ser o grande patrimônio de qualquer profissional de vendas: network.

Criando network

Vamos começar com a tradução livre da palavra: networking é "trabalhando a rede" (net — rede, working — trabalhando), ou seja, a ação de criar e nutrir contatos e relacionamentos.

Também pode ser interpretado como "a nossa rede de relacionamento, trabalhando para nós". Eu costumo dizer que, para fazer um bom networking, é preciso gostar de pessoas. Senão, esqueça, pois será forçado e vai soar como algo falso para as pessoas com as quais você esteja tentando criar ou nutrir um contato!

"Para fazer um bom
networking, é preciso
gostar de pessoas."
Renato Gosling

Você precisa realmente se interessar e ser gentil com todos, de forma natural. Mas se você acredita que "não leva jeito" para criar um bom networking, não desanime. É possível aprender tudo na vida. Basta força de vontade e treino constante!

Para ilustrar como é possível treinar e até mudar drasticamente a forma como nos relacionamos com as pessoas, vou contar um caso interessante, que aconteceu com um amigo, há muitos anos.

Ele era uma pessoa muito introvertida, estava com vinte e poucos anos, já formado em Administração de Empresas, e sabia que essa introversão era prejudicial à sua vida pessoal e profissional. Foi, então, que ele decidiu "virar a mesa"! Com grande clareza, concluiu que não poderia simplesmente mudar de atitude perante sua família e amigos, pois seria, no mínimo, estranho. Então, com muita determinação e foco, decidiu ingressar em um segundo curso universitário, desta vez, Publicidade.

O intuito, além de ampliar conhecimentos e suas possibilidades profissionais, era o de poder tornar-se uma "nova pessoa", mais extrovertido e com capacidade de agregar gente ao seu redor. Em um ambiente novo, com indivíduos que não o conheciam, ele, a princípio, "fingia" ser extrovertido. Conversava com todos e se tornou um dos alunos mais populares do curso. Ele narra que no começo isso foi um verdadeiro "sacrifício", mas com o passar do tempo, a sua nova atitude na forma de se relacionar com as pessoas acabou se incorporando à sua personalidade. Hoje, ele se relaciona muito bem, de maneira natural e eficiente. Ele realmente conseguiu se transformar, mudando totalmente a forma de se relacionar e, com isso, encontrou resultados muito melhores, tanto na vida profissional, quanto pessoal! Como você pode ver, todos podemos aprender e mudar. Só depende de nós mesmos!

Quanto melhor ou maior o nosso networking, maior a chance de nos colocarmos ou recolocarmos profissionalmente, realizar bons negócios e obtermos informações privilegiadas, as "inside informations", como eu costumo chamar. Mas, na prática, você tem que gostar de pessoas!

Como costumo dizer em meus treinamentos e palestras, networking é uma forma de viver e conviver com pessoas e tem que ser incorporada com naturalidade ao nosso dia a dia.

Muitas pessoas associam o networking à uma forma de bajulação, interesse puro e falsidade. Seria puro "puxa-saquismo", como já ouvi muita gente dizer. Isso não é verdade! Apesar de existirem pessoas que realmente agem dessa forma. Networking bem feito é cultivar bons relacionamentos, verdadeiros, genuínos e com profundidade. Mas, e quando você não gosta da pessoa que seria boa para o seu networking? O melhor é deixá-la de lado! Jamais force um relacionamento apenas para obter alguma vantagem.

"Networking bem feito é cultivar bons relacionamentos, verdadeiros, genuínos e com profundidade."
Renato Gosling

Vou dar um exemplo comparativo bem claro: Quem faz o networking mais eficiente: uma pessoa que tem 1.000 contatos na agenda e linkedin, mas com 100 contatos realmente verdadeiros, ou outra, com 400 contatos, mas sendo 200 com real profundidade, contatos de verdade! Aqui também quantidade não significa qualidade e, no final das contas, é a qualidade da relação que realmente cria o networking.

Faz parte de um bom networking ajudar as pessoas, mesmo que não haja um pedido direto. É muito comum pedirmos algo para alguém antes de oferecer qualquer coisa. Nesses casos, as pessoas solicitadas costumam ficar com o "pé atrás". Então, antes de pedir, se doe! Se você quer que uma pessoa o ajude, então, antes, veja como você pode ajudar essa pessoa. Mas não se esqueça de que a oferta de ajuda precisa ser genuína, sem interesse imediato. Depois, a ajuda virá naturalmente e, se não vier, de qualquer forma, você estará feliz por ter ajudado alguém! Entretanto, pode ter certeza de que, na maior parte das vezes, vai dar certo e você vai receber a ajuda de que precisa, vinda da pessoa que você ajudou antes!

Para fazer um bom networking, ter uma boa agenda é muito importante. Então, a primeira dica que eu dou é: organize e atualize a sua agenda, deixando-a "redondinha". Mais difícil do que esse esforço inicial é mantê-la atualizada, porque as pessoas saem das empresas, mudam de negócio, endereço, telefone etc. Para manter a sua agenda sempre atualizada, eu dou duas ótimas dicas:

1) Use um aplicativo do Linkedin, chamado Connected, que mostra as pessoas que mudaram de empresa, ou foram promovidas. É fantástico. É um aplicativo para Iphone e Android. Ele tem uma navegação ótima e muitos recursos incríveis. Por exemplo, você pode usar filtros para a sua agenda como: "empresas no Rio de Janeiro, do ramo imobiliário, que eu tenha contato" ou "pessoas que foram promovidas ao cargo de diretor comercial nos últimos 2 anos", entre inúmeras outras possibilidades.

2) O Evernote é um clássico que eu uso sempre. Entre outros recursos, ele escaneia o cartão de visita da pessoa, envia os seus contatos, manda automaticamente um convite para o Linkedin e salva na agenda. Existem muitos aplicativos que fazem isso, mas o algoritmo do Evernote é o melhor de todos. Eu nem uso mais cartão! Quando faço

os meus treinamentos e workshops, os participantes costumam adorar essas dicas de aplicativos para agenda. Essa é uma informação que você pode colocar em prática agora! É só baixar e sair usando! No Brasil, as versões variam de preço conforme as funcionalidades, mas você pode começar com a versão básica gratuita, sem tantos recursos.

Vale dizer que, enquanto alguns aplicativos adotam o modelo de negócio Trial, disponibilizando a experimentação grátis do produto com todas as funcionalidades, o Evernote e o Linkedin adotam o modelo Premium, em que o usuário recebe gratuitamente pelo tempo que desejar, os recursos mais básicos do produto. Quando você tem pessoas no seu networking que não são muito conectadas, que não são acessíveis por alguns canais, como o Linkedin ou redes sociais, você precisa se adaptar a isso e manter contato por e-mail, SMS, Whatsapp, telefone ou qualquer canal que a pessoa realmente utilize. Para determinadas pessoas que não gostam de contatos "virtuais", como e-mail, mensagens etc., o melhor é, simplesmente, aumentar a frequência de visitas! Existem pessoas que se colocam disponíveis somente através de telefone comercial e e-mail.

Nesses casos, você precisa ser suficientemente hábil para conseguir também o número do celular. Com isso, o contato passa a ser por celular, SMS ou Whatsapp. Ter o celular de um contato pode parecer algo muito simples, mas é um sinal de que a pessoa deu a permissão para você entrar em contato com mais facilidade. E lembre-se: quem precisa fazer o esforço para conseguir o celular, ser pertinente e estreitar o contato, é quem quer vender. Por isso, se você se doar, for gentil e pertinente, dar atenção ao prospect e, ele gostar, você conseguirá o número do celular, e com ele a autorização implícita para ligar em horários mais flexíveis, trocar mensagens constantemente etc.

Cultivar a rede

Quer algumas dicas de como manter o relacionamento? Uma foto, um post, um artigo... Coisas comuns, que às vezes não fazemos, simplesmente porque não paramos para fazer.

Brindes sempre funcionam. Desde que os portugueses chegaram por aqui trazendo espelhinhos e outros mimos para nossos silvícolas, a técnica de presentear para se fazer simpático e lembrado é uma atividade indispensável para quem quer vender.

Presentes úteis para o dia a dia corporativo, como moleskines, cadernos, lápis e canecas, são clássicos que conquistam lugar na mesa das pessoas fazendo com que elas se mantenham sempre expostas à sua marca e lembrem de você, na hora em que precisarem do seu produto ou serviço.

Você também pode — e deve — inovar nos presentes. Dar um livro com uma dedicatória é muito legal! É um presente que marca, fazendo com que a pessoa presenteada não se esqueça de você! Tem que ser algo que pouca gente faça! Um livro com uma dedicatória é um presente barato, mas representa um valor imensurável para nutrir o relacionamento com os compradores e clientes em geral.

Procure sempre gerar no seu prospect a imagem de que você é uma autoridade em determinado assunto pelo qual ele demonstra interesse, mesmo que seja algo não ligado ao trabalho ou à sua ação de prospecção.

Quer saber como? Nutrindo o relacionamento através de coisas simples. Vamos a mais um exemplo prático: depois do primeiro contato com o prospect, caso você leia ou veja algo na internet que o faça se lembrar dele e que você ache que seja interessante, envie para ele! Um simples link com algo que ele gosta, com a mensagem: Lembrei de você... Só isso!

Vou ser ainda mais específico: ao visitar um cliente, descubro que ele gosta de óculos italianos, assim como eu. Dias depois, vejo na internet uma matéria sobre uma linha de óculos com design italiano lançada no Brasil e mando o link para ele.

O mais importante — e sem isso você não vai realmente conseguir nutrir o relacionamento — é que o interesse em comum precisa ser genuíno, senão, simplesmente não funciona!

Outra boa forma de cultivar a relação com seus prospects e clientes é fazer com que sua empresa convide os principais compradores para um final de semana em um hotel-fazenda com a família, onde possa ser feita uma pequena palestra falando a respeito do seu mercado.

Coisas simples, como marcar uma reunião informal fora do escritório, apresentar pessoas, são algumas dicas para manter o relacionamento e um networking eficiente.

Qual é a sua relação com seu cliente ou fornecedor? Isso pode se transformar em uma amizade? Se puder, melhor. Não precisa ser nada forçado, mas se tiver uma afinidade verdadeira, por que não "deixar rolar"?

Eu, por exemplo, tenho um cliente com quem costumo marcar reuniões e, depois, saímos para pescar. Nós dois realmente gostamos muito de uma boa pescaria! É uma amizade corporativa, então, por que não? Somos todos seres humanos e não há razão para sermos apenas "cliente-fornecedor". Se houver empatia, amizades podem surgir e, claro, isso ajuda muito no relacionamento comercial.

"Quem não é visto não é lembrado."
René Descartes

Eventos

Hoje, no Brasil, temos vários eventos criados especialmente para gerar relacionamento e criar network, altamente recomendados para quem quer começar a criar networking.

Vale a pena analisar e começar a participar de um destes programas que listamos a seguir.

Fundado em 2003, o LIDE, por exemplo, é uma organização de caráter privado, que reúne empresários em doze países e quatro continentes. O foco está no debate e fortalecimento da livre iniciativa do desenvolvimento econômico e social, assim como a defesa dos princípios éticos de governança corporativa no setor público e privado.

Já o Experience Club posiciona-se como uma plataforma de networking e negócios, atuando com um calendário anual de eventos de experiências e de conteúdo, onde executivos que fazem parte do top management das empresas mais representativas do país se encontram frequentemente com o objetivo de promover relacionamento profissional de alta qualidade, trocar informações relevantes para o dia a dia corporativo e incrementar o conhecimento.

Outra empresa que realiza diversos eventos de relacionamento bem interessantes é a Consulting House. Associando-se, você tem uma agenda de encontros com seus pares e com executivos-chave para o seu negócio durante o ano inteiro. São realizados dezenas de encontros por ano, em 4 linhas distintas: Meeting, Lunch (ambos destinados ao público de acionistas, presidentes e membros de conselho, CEOs, vice-presidentes e Diretores), Exchange (almoços com a presença de oradores reconhecidos, compartilhando experiências de sucesso no mundo empresarial) e Relationship (para ampliar o relacionamento com clientes e prospects em ambientes descontraídos que privilegiam os gostos e afinidades dos executivos).

E ainda tem o Marketing Network Brasil, uma iniciativa da editora Meio&Mensagem, que reúne anualmente gestores de marketing dos 100 maiores anunciantes do país e seus cônjuges, para passarem um final de semana prolongado num dos melhores resorts do país, com atrações gastronômicas, esportivas e culturais, convivendo dia e noite com profissionais de agências, veículos e seus respectivos pares, criando o ambiente ideal para o surgimento de novas amizades e novos negócios.

Muitas pessoas falam que vão a esses eventos para fazer networking. No entanto, Networking precisa ser uma constante na nossa vida! Não pode ser como a prova de matemática do colégio: você não presta atenção nas aulas nem faz as lições de casa durante todo o bimestre e, quando está chegando a hora da prova, precisa fazer aula de reforço e estudar dobrado! O certo no networking é fazer um pouquinho todos os dias. Entretanto, se você tem um evento da sua área de atuação, no qual poderá, além de outras atividades, rever pessoas e ampliar o seu networking, não deixe de ir!

É muito importante se preparar quando for a um desses eventos. Comece fazendo a sua wish list (lista de desejos, ou o que você gostaria de fazer no evento). Nem sempre funciona, mas ajuda a focar nas pessoas que realmente importam para você naquele determinado evento. As pessoas normalmente não se preparam e acabam não aproveitando nada dos eventos. No mundo corporativo, acontecem muitos eventos, mas eu só vou aos que realmente me agradam. Outra coisa que já fiz — e descobri que é uma grande bobagem — é ficar distribuindo cartões para todo mundo. Só troque cartões com quem realmente interessa. Não saia distribuindo! Primeiro converse com a pessoa, analise se ela pode ser um contato interessante e, aí sim, troque cartões. Senão, fica algo forçado, tipo "olá, tudo bem, aqui está o meu cartão"! Faça isso quando realmente valer a pena e não fique desesperado para conhecer e trocar cartões com todos no evento.

Outra medida muito útil, especialmente em eventos, onde você acaba conhecendo muita gente, é anotar, no verso do cartão da pessoa, informações que o farão se lembrar melhor daquela pessoa e da importância que ela pareceu ter. Anote coisas como se a pessoa se mostrou interessada ou não em alguma coisa, sejam assuntos de negócios ou pessoais, como hobbies ou nome dos filhos, preferência musical etc. Depois do evento, organize os contatos, veja com quem você deverá se comunicar logo e com que approach. Enfim, programe-se para obter melhores resultados.

6 IMPACTO
Sem segunda chance para causar uma boa primeira impressão

Não existe desculpa para você não se preparar, minimamente, para o primeiro contato com o cliente que está prospectando.E posso afirmar que falta de tempo não é desculpa! Apenas dez minutos no Google e no Linkedin farão toda a diferença.

Para se ter uma ideia de como a preparação é importante, dou a seguir um exemplo de uma das dinâmicas que costumo fazer nos treinamentos que ministro em empresas e que ajuda muito na melhora da criatividade, jogo de cintura, improvisação e rapidez de raciocínio. Começo convidando duas pessoas para subirem ao palco, sendo que uma delas terá que tentar vender para as demais um produto bem conhecido de todos: pão de queijo. Enquanto isso a outra deverá focar seus esforços para convencer o público a comprar outro clássico da nossa culinária: brigadeiro. A melhor parte do exercício é que os dois vendedores devem partir do princípio de que ninguém da sala tem a menor ideia do que seja pão de queijo e brigadeiro.

Invariavelmente, esses aprendizes de vendedores não fazem perguntas consultivas e, em vez, saem falando direto. É aquela postura de vendedor que abre o notebook e sai falando. Quando os vendedores se mostram ineficientes, eu peço que pesquisem na internet sobre pão de queijo e brigadeiro por uns 15 minutos. Ou seja, que se preparem para a tarefa. Depois dessa rápida preparação, eles costumam voltar e dar um show! Esse exercício simples é a prova de que não devemos, de jeito nenhum, ir a uma primeira reunião sem estarmos preparados. Se você for líder de uma equipe de vendas, esse é um exercício muito bom para fazer com os seus vendedores. Você pode variar os produtos, fazendo com que os vendedores tentem vender cerveja e vinho, tênis e chinelos ou qualquer outro produto de grande consumo e que seja conhecido por todos.

Hoje em dia, os vendedores reclamam muito que o lead (indicação de possível cliente) não é qualificado e que a quantidade que recebe de sua empresa é pouca. O problema é que, normalmente, esse mesmo vendedor não faz a parte dele. Ele não se prepara e acaba não dando valor para o lead dado pela empresa. Por essa razão, não consegue converter a venda e culpa a qualidade do lead! As pessoas, neste caso, os possíveis compradores, costumam ficar na defensiva. Então, o recado aqui é: antes de reclamar, faça a sua parte. Muitos vendedores acham que reclamar da qualidade dos leads, do sistema e da empresa é suficiente para justificar a ausência de resultados. Se, por exemplo, os leads que você receber estiverem desatualizados, atualize-os. Ou seja, trabalhe e pare de reclamar! Nunca culpe os outros ou as circunstâncias pelos seus resultados negativos. Você espera que os outros melhorem, mas não está disposto a mudar em nada? Otimize seus resultados e aumente o seu nível de conversão em vendas. Para isso, nunca se esqueça: prepare-se bem para a primeira reunião.

Uma das informações mais importantes que você precisa ter antes de ir a uma primeira reunião é saber com quem vai falar — o cargo da pessoa, a trajetória dela dentro da empresa, as empresas onde ela trabalhou, etc. Além disso, é importante que você consiga "pinçar" pequenas coisas durante a conversa, perguntando, se interessando pela pessoa. Então, o cliente tende a se abrir e, com isso, você obtém muitas informações que acabam sendo úteis no primeiro encontro. Antes de abrir o notebook e sair vendendo, pergunte, questione, pergunte de novo, ouça. Porque se você já "queimar a largada" e sair falando, pode falar bobagem. Entretanto, se ouvir antes, você poderá se "salvar" e evitar falar algo que atrapalhe na venda. Isso vai aumentar a efetividade do seu contato, do seu primeiro encontro e, consequentemente, aumentar as suas chances de obter sucesso na venda.

"Vendedor bom não abre o notebook."
Renato Gosling

Eu gosto de citar o caso do famoso surfista brasileiro, o campeão mundial Gabriel Medina. Por que ele conquistou o título mundial? São muitos fatores que levam um atleta a alcançar um alto nível de desempenho, mas, certamente, o maior de todos é o treinamento. Ou seja, ele se preparou muito bem até alcançar o seu objetivo. Eu costumo dizer que pessoas como ele atingem um nível de "relógio suíço" em treinamento, alimentação e disciplina.

Todo esse preparo foi e é imprescindível, porque na esfera esportiva na qual ele compete, que é a de atletas de altíssimo rendimento, todos os competidores são muito semelhantes, todos atingem resultados muito próximos e as vitórias são conquistadas por diferenças mínimas. É exatamente o que acontece nas corridas de Fórmula 1, competição na qual milésimos de segundo fazem toda a diferença! Agora, pense nos casos dos clientes que você já conquistou e comprove que a grande maioria das vezes em que conseguiu fechar uma venda foi exatamente com aqueles sobre os quais você sabia mais ou que, por qualquer motivo, se preparou melhor para o primeiro contato.

Produtividade é tudo nos negócios. E, por esta razão, não adianta fazer cinquenta reuniões e chegar despreparado em metade delas. Se você fizer isso, o seu aproveitamento e conversão em negócios estarão seriamente comprometidos. Antes de cada reunião, é necessário pesquisar, no mínimo, três informações cruciais para tentar maximizar os resultados do encontro: a carreira da pessoa com quem você terá a reunião, a empresa dele e a concorrência que ele enfrenta. Você tem que saber exatamente com quem está tratando e, se possível, comentar algo relevante sobre essas três informações. São essas pequenas coisas que fazem a diferença.

Mas, e quando você estiver totalmente decidido a conquistar um cliente na primeira reunião? Será que a preparação mínima é o suficiente? Nesses casos, não economize no preparo: estude a fundo o cliente em potencial e seu negócio. Chegue à reunião sabendo tudo sobre o seu prospect e, acima de tudo, chegue com soluções consistentes e com argumentação irrefutável. Você nunca deve se esquecer de uma frase que muitos conhecem e que expressa toda a importância do primeiro contato com o cliente: "Você nunca terá uma segunda chance de causar uma boa primeira impressão!".

7 PROPOSTA
Adequação e negociação

Você precisa ter em mente que, por mais que faça tudo direito, nada garante que a venda será concretizada, pois sempre existirá a influência de vários fatores externos, incontroláveis e imprevisíveis, como crises econômicas, troca de pessoal, diretoria ou compradores.

Como não é possível controlar todos os fatores que envolvem o processo de compra e venda, procure, no limite do possível, "amarrar todas as pontas". Certifique-se de que tenha feito todo o possível junto ao seu cliente. Nessas horas, ter as *inside informations*, informações privilegiadas obtidas de alguém de dentro da empresa compradora —, pode ajudar muito!

Você precisa fazer muitas coisas para maximizar as chances da venda. Não dá para cercar todas as possibilidades, mas dá para amarrar bem o que estiver ao seu alcance.

Mas, como se cercar de mais certezas, se tudo depende de quem está "do outro lado do balcão"? Antes de mais nada, é preciso que todos os envolvidos no processo de compra e venda sintam que estão fazendo um bom negócio. Desta forma, o comprador precisa estar convencido de que pagou o menor preço do mercado ou que conseguiu o melhor produto possível. O marketing da empresa compradora precisa acreditar que comprou uma solução para um determinado problema ou demanda. O CEO da empresa tem que estar convencido de que, com a compra efetuada, ele estará inovando, fazendo algo muito bom e que fará toda a diferença para a empresa, agregando valor e fortalecendo o branding. Se a grande maioria das pessoas envolvidas no processo de compra estiverem convencidas, a venda certamente acontecerá.

Propostas matadoras

Para a preparação de uma proposta que consiga realmente encantar, motivar e convencer o cliente, você deve levar em conta diversos fatores que fazem toda a diferença:

1. Mostre sua competência para o caso: principalmente para aqueles clientes que ainda não trabalharam com sua empresa, sempre é bom apresentar, antes de mais nada, uma breve amostra da capacitação para o trabalho. Você pode fazer isso exibindo uma lista de clientes já atendidos, mas que sejam relevantes para o seu prospect, seja pelo segmento de mercado em que atuam, pela semelhança de perfil, ou pelos valores que comungam. Outra maneira para começar impressionando bem é apresentar um case de sucesso, que tenha alguma semelhança com o problema que você está se propondo a resolver. Não precisa ser de um concorrente do seu prospect; aliás, é melhor que não seja: pode passar a impressão de que sua empresa não leva em conta a confidencialidade. E, se conseguir, ainda pode mostrar algum depoimento positivo de clientes a respeito do seu trabalho, de preferência com a declaração do nome e e-mail do depoente. É sempre uma boa referência para reforçar a percepção do prospect que ele está tratando com o fornecedor certo.

2. Foque no problema do cliente: gaste algum tempo, pouco tempo, para repassar com o cliente o problema que ele tem e que seu produto/serviço se propõe a resolver. Seja assertivo, objetivo, direto no ponto. Evite jargões e expressões típicas como "agregar valor", "quebrar paradigmas", "criar encantamento", e por aí vai. Lembre-se que "falar bonito" é falar de modo que as pessoas entendam e faça sentido pra elas.

3. Detalhe a solução: aqui é a hora de mostrar que você sabe o que e como deve ser feito. Esteja preparado para explicar os processos e entregas do seu trabalho. É bom que o cliente saiba muito bem

o que irá receber e se sinta confortável e confiante com isso. Além disso, um bom detalhamento das etapas, ajuda o cliente a perceber os custos envolvidos no processo, levando-o a se tornar menos intransigente a respeito de preços e prazos.

4. Mostre sua expectativa de resultados: ajude o cliente a antever os resultados do trabalho que você está propondo. Se possível, monte simulações, proponha indicadores, demonstre confiança e entusiasmo nos resultados que vocês atingirão juntos.

5. Apresente a conta: a grande dúvida a respeito da apresentação de propostas é em relação ao melhor momento para se falar de preço. A maioria gosta de apresentar o preço como último item da proposta. Outros alegam que isso faz com que o cliente "vá direto para a última página", não prestando atenção em nada mais. O assunto é complexo e não existe consenso. Já encontrei de tudo: gente que coloca o preço no primeiro slide, gente que deixa para o fim e até outros que defendem mostrar a conta no meio da apresentação. Minha conclusão é a de que isso depende muito de cada estilo de apresentador. O importante, e que vale para todos, é a forma de mostrar esse preço: ele deve ser claro e, se possível, muito bem detalhado. Mostrar a composição do seu preço demonstra transparência. Você também pode utilizar recursos interessantes, como propor previamente parcelamentos coerentes com o projeto que será executado, ou ainda — se o produto ou serviço do cliente for útil e interessante para sua empresa — propor parte do pagamento através de permuta. Isso mostra que você valoriza o trabalho do cliente e ainda poderá dificultar a comparação direta do seu preço com o de seus concorrentes.

6. Objetividade é fundamental: use poucas páginas ou slides na apresentação da sua proposta. Segundo dizem, o mega empreendedor Carlos Slim só aceita que lhe apresentem projetos que tenham 1 slide. Use fontes claras, grandes e com imagens ou fluxogramas que façam o cliente ter uma melhor compreensão do processo e das entregas. Uma das melhores dicas que já ouvi sobre objetividade nas apresentações é a regra 10-20-30 de Guy Kawasaki, ex-colaborador e "chefe evangelizador" da Apple, e atual CEO da Garage Technology Ventures, um importante fundo de

investimento em startups do Vale do Silício. Depois de ver muitas apresentações ruins de candidatos a empreendedores digitais, ele criou uma fórmula bem simples: 10 slides, 20 minutos e corpo 30.

- **10 slides**: é o número ideal de slides para uma apresentação em PowerPoint. Segundo Guy, um ser humano normal não consegue prestar atenção e compreender mais do que dez conceitos diferentes num único encontro. E sugere a seguinte sequência para quem quiser montar uma boa apresentação para um investidor:
    1. Qual o problema?
    2. Qual a solução?
    3. Qual o modelo de negócios?
    4. Valorize a mágica/tecnologia
    5. Marketing e vendas
    6. Concorrentes
    7. Equipe
    8. Projeções e conquistas
    9. Status atual e cronologia
    10. Recapitule e chame para a ação

- **20 minutos:** não ultrapasse a média de 2 minutos por slide. Com isso, a apresentação gastará apenas 1/3 do tempo — geralmente de 1 hora — disponível de sua reunião. Os 40 minutos restantes devem ser aproveitados para discussão e esclarecimento de dúvidas e, assim, tornar sua proposta mais consistente e memorável.

- **Corpo 30:** use fontes simples e em corpo grande — segundo Guy, tamanho 30 é o ideal. A maioria das pessoas costumar usar letras menores para poder colocar mais informações em cada slide. Isso não funciona! E o problema não é apenas estético ou de legibilidade, não. Veja como Guy argumenta: "Já vi muitas apresentações com fontes tamanho 10, com muito texto colocado num só slide. Então, o apresentador começa a ler tudo o que está escrito. Mas, assim que a audiência percebe que ele está lendo, ela ultrapassa o apresentador na leitura do texto, já que consegue fazer isso mentalmente bem mais rápido do que quem está falando.

O resultado é que o palestrante e o espectador ficam sem sincronia".

Mas, seja utilizando a regra 10-20-30 ou qualquer outra que conheça, uma coisa é certa: jamais leia o slide durante sua apresentação. O slide deve ser uma ajuda visual à sua apresentação verbal. E pra isso, você precisa treinar! Vale muito a pena investir um tempo antes da apresentação para fazer um teste cronometrado (programas como o powerpoint e o keynote já têm uma funcionalidade específica para treino). Treinando antes, você poderá definir os melhores pontos de ênfase, que ajudarão a fixar o conteúdo na memória da sua audiência.

E como última dica, antes da apresentação formal da proposta, sempre vale a pena ouvir a opinião de quem vai recebê-la. Mostre para seu cliente uns 2 ou 3 tipos de propostas que você já tenha feito (tomando o cuidado de eliminar nomes e valores para não ferir confidencialidades) e valide com ele qual faz mais sentido, seja em termos de sequência e até mesmo de layout. Lembre-se também de definir com ele como deve ser o tipo de apresentação e o tempo disponível.

"A proposta ideal é aquela que faz muito sentido para o cliente."
Renato Gosling

"Se você precisa de mais de dez slides para apresentar seu negócio, você provavelmente não tem um negócio."
Guy Kawasaky

8 FOLLOW-UP

Melhor pecar pelo excesso do que pela escassez

Follow up, em uma tradução livre, do inglês, seria "seguir" ou "dar seguimento". Entretanto, costumo dizer que *follow up* é uma ação baseada em sentimento ou, voltando ao inglês, *feeling*. Muitas pessoas me perguntam se devem ou não ligar para um determinado prospect ou cliente. Quem está vendendo costuma ficar na dúvida se deve ser "chato" com o comprador com quem está tratando. Insisto ou não insisto? Ele está realmente interessado ou está fingindo? Ele gostou do meu produto ou está apenas sendo educado? Na realidade, não existe regra! O segredo é ter a sensibilidade de agir como você gostaria de ser impactado. Isso costuma funcionar na maioria das vezes.

Falo por experiência própria, pois treinei o meu *follow up* milhares de vezes, através de tentativas e erros durante toda a minha carreira. Isso fez com que eu desenvolvesse uma habilidade muito boa, não por ser melhor do que ninguém, mas porque fui aperfeiçoando o meu *feeling*. É como um piloto que acumula milhares de horas de voo, ou um médico que já fez centenas de cirurgias. Com o treino, nos tornamos melhores, mais precisos. Não tem mistério! O que você tem que fazer é nunca desistir do *follow up*.

Muitas vezes, no entanto, nos recriminamos por ter "passado do ponto" com um comprador. Não se preocupe, pois é melhor isso do que deixar o seu *prospect* à deriva, à mercê da concorrência. É claro que isso não pode se tornar o seu padrão! Mas é melhor pecar pelo excesso do que pela escassez.

Você precisa sentir as oportunidades, a melhor forma de falar, a hora de "dar uma apertada" ou, como costumo dizer, "aplicar o torniquete". Ou seja, saber a hora de cobrar, a hora de recuar, a hora de se relacionar (vamos tomar uma cerveja, um vinho, almoçar etc.). Como sempre, voltamos ao velho, bom e necessário *feeling*!

O *follow up* é fundamental. Não adianta você abrir bem um *lead* e depois não dar continuidade. Dá trabalho, muitas vezes é chato, mas tem que ser feito. Os americanos têm softwares inacreditáveis para isso. Neles, você encontra *templates* prontos, em que só precisa editar o nome e a agenda para mandar para o *prospect*. O importante é que seja feito de forma racional, bem pensada, com objetivo bem definido.

No caminho do bom *follow up*, temos que fazer perguntas e argumentar de maneira diferente. Você não pode usar desespero como argumento de venda. Nunca use frases como "me ajude aí", "preciso bater a minha meta" e outras tantas tão comuns no vocabulário dos maus vendedores. Isso é humilhante! Tente utilizar formas diferentes para dizer, por exemplo, que quer acelerar o processo de venda. Para isso, utilize argumentos como "o que eu posso fazer para te ajudar a dar prosseguimento à minha proposta?", "como posso reverberar a proposta aqui dentro?" ou "o que precisamos fazer para fecharmos o negócio?". Você está falando diferente e isso é importante. A forma de falar precisa ser diferente, mas eficiente.

"Fazer follow up é como seguir um
carro na estrada. Se você perder de vista, já era!"
Renato Gosling

Persistente mas não insistente

Na arte de fazer *follow up* é preciso ser persistente. Persistente é o aguerrido, a pessoa com força de vontade. Muito diferente de insistente. Insistente é o chato! Tome muito cuidado para não ultrapassar a fronteira! É preciso sentir a empatia com o seu *prospect*, com o comprador! A melhor forma de não ser chato (e isso vale para todas as situações da vida), é saber se colocar no lugar dos outros. Pense: que comportamento ou atitudes você consideraria "incômodos", se estivesse "do outro lado da mesa"?

A persistência está sempre ligada à vontade de fechar negócios, de conquistar uma posição melhor na vida. A insistência é apenas a falta de bom senso ou, simplesmente, desespero para cumprir metas que você não considera atingíveis.

Entretanto, metas bem definidas podem nos ajudar na persistência. Podemos dar o seguinte exemplo: você estabelece a meta de se reunir com compradores de 50 empresas, 12 nos três primeiros meses, 4 por mês. Ou seja, você conversará com um por semana. Para conseguir atingir essas metas, precisará ser persistente, mas tome cuidado para não se tornar insistente no agendamento desses encontros.

Foco no objetivo e não na execução da tarefa

Para quem não conhece, a Robot Cup é a maior competição de robôs do planeta, realizada anualmente desde o final dos anos 1990. Atualmente, os robôs que participam das competições, não são "brinquedos" ou apenas máquinas controladas à distância. São equipamentos programados para "pensar" e agir sozinhos. É programação pura!

Em 2015, a competição foi realizada no Brasil e a minha empresa ajudou a vender cotas de patrocínio do evento. Uma das pessoas da equipe de vendas que eu coordenava, costumava escrever e enviar e-mails com textos enormes, diferentes fontes e tamanhos de letras. Eram e-mails feitos com colagens de textos e ficavam muito ruins!

Mas o principal problema, na verdade, não era o fato de ele enviar e-mails ruins. Essa pessoa não conseguia entender que o seu objetivo primordial não era prospectar anunciantes com o uso de e-mails. Ele deveria focar totalmente em ficar frente a frente com quem poderia decidir sobre o patrocínio nas empresas prospectadas! Eram *prospects* importantíssimos, como, por exemplo, a Intel. O contato deveria ser direto e pessoal com o diretor de marketing da Intel. Em vez disso, ele estava apenas executando uma tarefa: enviando e-mails. E, ainda por cima, ruins! Tudo errado!

Pensar, ter calma e cuidado para buscar o objetivo final: essas são as regras do jogo!

O próximo passo

No mundo dos negócios, é crucial que as pessoas da área de vendas deixem o próximo passo certo, combinado. Vou dar um exemplo: você está em uma reunião com um comprador, conversa, explica o produto, fala sobre o pedido, sugere quantidades etc. O comprador diz que vai pensar e que voltará a conversar em uma semana. Isso é muito solto. O ideal é deixar combinado, por exemplo, que você ligará em cinco dias ou que ele entrará em contato nesse período. Se não ligar, você liga no dia seguinte! Muitas vezes, isso é difícil de fazer, mas devemos sempre perseguir a definição do próximo passo.

Isso é fundamental para não perder o *timing* da venda. Para quem quer vender, esse procedimento de não deixar as negociações soltas é de todo o interesse. O comprador pode ou não estar tão interessado quanto o vendedor. Se você foi para uma reunião, ofereceu o produto, conversou com o comprador, mas não deixou o próximo passo do processo de venda bem definido, você apenas executou uma tarefa, que era a de "comparecer" àquela reunião e oferecer o produto. Isso não fecha a venda, a não ser que o comprador esteja extremamente necessitado do seu produto, mas, mesmo assim, a venda provavelmente será menor do que poderia ser.

9 FECHAMENTO
Torniquete, celebração e ética

O ponto nevrálgico de qualquer venda é sempre a hora do fechamento. É aqui que se separam os meninos dos homens, os vendedores de fato dos vendedores de cargo. Afinal, de nada adianta ser um excelente apresentador, consultor ou mestre em relacionamento, se você não souber identificar o momento certo de dar o "torniquete" final que irá concretizar a venda.

Confesso que, depois de todos esses anos de vendas, o perfil "fechador" ou "closer" ainda é o meu ponto mais fraco. Mas, tendo essa consciência, venho investindo muito tempo em aprender e treinar técnicas para reduzir essa deficiência. Algumas delas, procuro transmitir nos workshops que realizo e, agora, publico aqui para ajudar você, querido leitor.

Um desses aprendizados veio do texto "5 Técnicas de fechamento de vendas que realmente funcionam", escrito por Gustavo Paulillo, que conseguiu sintetizar bem algumas das práticas de fechamento mais eficientes do mercado.

1. Lendo os sinais do corpo para descobrir a hora certa do "xeque-mate"

Geralmente, um comprador experiente nunca se mostrar ansioso para fechar o negócio. Ele sempre irá tentar disfarçar e até aparentar um certo desinteresse pelo que você está oferecendo. É nessa hora que a técnica da Escuta Ativa se faz mais importante: ouça atentamente o que ele tem a dizer, faça sinais e gestos para que ele continue falando e tente descobrir qual seu real nível de interesse no negócio. De modo geral, inclinar-se para a frente, olhar nos olhos, para seus papéis e mãos pode indicar interesse. Outrossim, braços cruzados, cara fechada e boca cerrada podem ser sinais negativos. Técnicas de PNL podem ajudar muito nessa hora. Vale a pena se aprofundar no tema.

2. Conduzindo o cliente ao fechamento

Para utilizar esta técnica que faz com que a negociação vá direto para o fechamento, o vendedor precisa ter muita autoconfiança e conhecer cada possível objeção do cliente. Primeiro, deve-se explicar detalhadamente todas as vantagens e benefícios do negócio oferecido e todo o valor que ele irá gerar para o cliente. Simultaneamente, o vendedor deve ir elaborando, sem que o comprador perceba, um "pedido customizado", por meio de perguntas do tipo: Se fosse optar por isso, que quantidade você precisaria? Quando deveriam ser instalados? Qual o número de usuários? Assim, com todas as informações recebidas, o vendedor já parte para uma proposta sob medida: "Se quiser, podemos instalar tudo no dia tal: veja a proposta que preparei". Se tudo tiver sido conduzido com naturalidade, dá-se início às negociações finais, a caminho do fechamento.

3. Oferecendo opções para acelerar a decisão

Na técnica do Fechamento Experimental, o vendedor não parte para a apresentação de uma proposta fechada, mas, vai experimentando e testando alternativas e solicitando ao comprador que indique qual a mais adequada. Deve-se apresentar 2 ou 3 opções e ir refinando, ajustando, fazendo concessões e pedindo compensações, até chegar a uma alternativa que atenda aos interesses de ambos.

4. Tirando a última carta da manga

Esta é uma técnica muito utilizada, geralmente logo em seguida da técnica de Fechamento Experimental. Se o comprador ainda demonstrar dúvida, o vendedor saca um trunfo final: uma condição especial ou uma bonificação de serviço, que pode resolver o dilema e levar ao fechamento. Costumo utilizar essa técnica juntamente com o recurso de fazer perguntas, comentado na técnica 2. Perguntas do tipo: "O que falta para fecharmos?" ou "Como posso te ajudar a reverberar a proposta dentro da empresa?" geralmente ajudam bastante, levando o próprio cliente à sugerir a concessão final para o fechamento do negócio.

5. Gerando um pouco de "estresse"

Existe uma metodologia de vendas dos anos 1970, chamada Sandler Selling System*, que estabelece 8 passos para uma venda eficiente. No sétimo passo, seu criador, David Sandler, afirma que as pessoas compram guiadas por apenas duas motivações: dor ou prazer. Evidentemente, ninguém quer que a negociação final gere desconforto ao comprador, mas às vezes é preciso enfatizar as consequências negativas de não fechar o negócio ou mesmo postergar essa decisão. Nesse sentido, é bom estar preparado para estimular seu cliente com perguntas do tipo "Já pensou no que acontecerá se você não adotar nossa solução?", ou "Você está ciente de quais as consequências de postergar esta decisão?", ou ainda "Quanto vai custar à sua empresa esperar mais para decidir?". Sempre que necessário, lance essas questões e fique atento às reações corporais e expressões faciais do seu cliente.

É claro que todas essas dicas valem para quando você tem a oportunidade de estar frente a frente com o prospect. Mas, e quando as vendas são feitas por telefone?

Na verdade, os passos não diferem muito, a não ser por dois detalhes:

1) Na venda por telefone, principalmente no caso de você ligar para o prospect, seja o mais sutil e agradável possível!
2) Você não poderá observar os sinais corporais e expressões faciais, e precisará ter habilidade para reconhecer o tom de voz do cliente.

Por isso, lembre-se: vender por telefone depende ainda mais da preparação, da escolha do momento mais adequado para ligar e ter um bom motivo para contatar o cliente. Entretanto, minha experiência me leva a recomendar sempre o contato olho-no-olho na hora do fechamento. Principalmente, em um "território neutro". Sempre vale muito a pena tirar o prospect de seu ambiente de trabalho: convidar para um almoço, jantar ou cafezinho, faz com que o comprador se "desarme" e libere outros comportamentos, ajudando muito no fechamento de novos negócios.

"Negócios são feitos na mesa.
Na mesa do restaurante ou do bar."
Renato Gosling

Sabendo utilizar esses passos, num ambiente "neutro", amplia muito a probabilidade de você fechar o negócio. Mas, lembre-se: a venda não termina aí: é preciso endossar a decisão, contagiar o comprador e até toda a empresa do acerto da compra.

Mas, nessa hora, muitos colegas vendedores costumam "exagerar" na celebração, com presentes inadequados às políticas internas das empresas.

É bom se informar antes sobre os limites corporativos e respeitar a cultura das empresas multinacionais, judaicas etc. para não "exagerar" na celebração.

** Para quem ficou curioso sobre os 8 passos do Sandler Selling System citados neste capítulo, segue um pequeno resumo sobre do método:*

1. Crie rapport:
Estabeleça uma relação de confiança com o comprador.

2. Estabeleça expectativas e diretrizes claras para a negociação: deixe claro ao seu prospect o que você espera dele e em torno de qual situação vocês vão negociar.

3. Encontre os problemas, a dor do seu prospect: se não existe dor, não existe compra.

4. Descubra o orçamento disponível: uma proposta fora da realidade pode espantar um lead rapidamente.

5. Defina o processo de decisão interna: descubra quem é o tomador de decisão! Se você não tiver um, há algo errado.

6. Apresente sua solução para preencher as necessidades do prospect: garanta que cada palavra que sairá de sua boca terá como único objetivo preencher toda e qualquer necessidade do seu prospect.

7. Para o fechamento, insira pressão sobre o prospect: deixe claro que você espera que as coisas evoluam do lado do prospect também.

8. Garanta que seu processo de pós-vendas será suave e garantirá a entrada do novo cliente: assegure-se de que haja o mínimo atrito no processo de on-boarding do cliente.

10 FEEDBACK

Medindo a satisfação e o potencial do cliente

Para trabalhar bem, conquistar clientes e mantê-los pelo máximo de tempo possível, existem algumas informações vitais, sem as quais será impossível ou, no mínimo muito improvável, gerar novos negócios e fidelizar clientes.

Do ponto de vista da sua empresa, uma das informações mais importantes é, por exemplo, o custo de aquisição de cliente (CAC): um valor monetário que representa o quanto sua empresa investe e está disposta a investir para conquistar um novo cliente.

Temos duas maneiras de calcular um CAC: uma muito complexa e outra bem simples, que você já pode ir colocando em prática. Basta dividir a verba de marketing da sua empresa pelo número de clientes ativos. Esse é o seu CAC!

Outra informação de extrema importância para sua empresa é conhecer e entender o seu *lifetime value*.

Voltando às traduções do inglês, *lifetime* é tempo de vida e *value* é valor. Sabendo disto, podemos fazer uma tradução livre de *lifetime value* como: "o valor que o seu cliente tem, durante o tempo em que ele for efetivamente o seu cliente".

Depois do primeiro negócio fechado com um cliente, pela primeira vez, por quanto tempo ele continua sendo um cliente pagante? Quanto esse cliente representa, em faturamento, durante o período em que for seu cliente ativo? Além dessas informações, também podemos destacar a importância de saber o ticket médio da sua empresa e de cada um dos seus clientes.

Tenha a resposta para estas questões sempre em mente e utilize-as para fazer o seu planejamento estratégico de vendas. Quanto mais informações tiver e mais relevantes elas forem, maiores as suas possibilidades de sucesso na área comercial. Muitas das informações necessárias você consegue apenas olhando para "dentro de casa". São informações disponíveis que podem ser obtidas estudando os seus próprios resultados passados, suas vendas, a performance de seus clientes, etc.

Mas, além de "olhar para dentro", também é muito importante que o profissional de vendas "olhe para fora" da empresa, na busca de indicadores que sinalizem o nível de satisfação do cliente com o fornecimento de sua empresa.

Dados de mercado, evolução das vendas do cliente, grau de satisfação dos vários contatos dentro do cliente e avaliações a respeito das entregas realizadas são informações fundamentais que você deve tentar colher a fim de determinar o *share of wallet* de cada cliente, que irá definir qual o real potencial de vendas que você ainda tem a explorar.

Outra dica importante para empresas que querem evoluir na mensuração da lealdade de seus clientes é a métrica "Net Promoter Score", utilizada por empresas como Microsfot, Linkedin, Amazon e Apple.

Criada por Fred Reichheld, Bain & Company e Satmetrix em 2003, a metodologia aplica um questionário de pesquisa com clientes bem simplificado baseado na recomendação da empresa e classificando seus clientes em três faixas: detratores, neutros e promotores.

O NPS é calculado pela porcentagem dos clientes promotores (%) menos (-) os detratores (%).

11 TALENTOS
Born to sales

Recentemente, o amigo Zé Luiz Tavares, da Nexial, me apresentou a metodologia de uma empresa de consultoria de Dayton, Ohio, a H. R. Chally Group, que identifica diferentes perfis dos profissionais de vendas e sua adequação — ou inadequação — aos diferentes tipos de produtos que precisam vender.

Apesar de ter sido criado nos anos 1990, é um método incrivelmente atual, didático e brilhante que passei a adotar em meus projetos de consultoria de vendas. Com ele, é possível ampliar muito a produtividade das forças de vendas para qualquer tipo de produto ou mercado, embora tenha sido muito mais utilizado para o segmento B2B. Isso porque, nesse segmento, o vendedor exerce um papel central no processo de comercialização, enquanto no B2C ele é tratado como coadjuvante.

A verdade é que, independente de business to business ou business to consumer, cada segmento ou estágio de maturidade de mercado, possui características diferenciais significativas em relação aos demais. Essas diferenças podem ser analisadas a partir de dois grandes eixos: a complexidade no processo de decisão, e o nível de experiência / conhecimento sobre o produto ou serviço em questão. Decisões complexas são aquelas que envolvem grandes valores, que exigem adaptações especiais no ambiente, em que não há concorrência definida, que envolvem mais de uma área ou divisão da empresa, e assim por diante. Nessa categoria, estão as compras de sistemas de gestão e plataformas digitais de grandes empresas, como ERPs e CRMs, por exemplo.

Nível de experiência / conhecimento diz respeito à intimidade do comprador com o tipo de compra. Se ela é rotineira ou inédita, se a pessoa já está acostumada a efetuar compras em nome da organização ou está colocando sua posição em cheque, se a aquisição vai exigir peças de reposição ou complementação de compra. Um bom exemplo é a compra de vinhos para um restaurante. Se o local está inaugurando e o dono nunca trabalhou no ramo, seu nível de experiência deve ser baixo (mesmo que pessoalmente seja um consumidor frequente de vinhos). Mas, depois de alguns anos de operação, o mesmo comprador de vinhos já conhece muito bem as preferências dos consumidores, o giro do seu estoque e o balanceamento ideal da carta que vai oferecer aos clientes.

Pois bem, a metodologia da H. R. Chally Group cruza esses dois eixos:

- A complexidade na compra/ utilização do produto ou serviço
- A experiência ou conhecimento de seu uso ou aplicação

E estabelece quadrantes com quatro situações distintas de mercado:

- Baixa complexidade e baixa experiência
- Alta complexidade e baixa experiência
- Alta complexidade e alta experiência
- Baixa complexidade e alta experiência

Em cada um desses quadrantes, podemos então "encaixar" diferentes tipos de produtos e serviços, como por exemplo:

	BAIXA EXPERIÊNCIA	ALTA EXPERIÊNCIA
ALTA COMPLEXIBILIDADE	• Novo sistema • High tech ou sofisticados	• Sistema tradicional ou conhecido • Dependentes de suporte e reposição
BAIXA COMPLEXIBILIDADE	• Novo produto • Novos ou inéditos	• Produto comum ou rotineiro • Commodities

A abordagem dos quadrantes se baseia exatamente nessas diferenças, e na capacidade de adequar o perfil do profissional de vendas para me-lhor interagir com o quadrante onde vai atuar. Os tipos de abordagem mais adequados para cada quadrante ou mercado são:

	BAIXA EXPERIÊNCIA	ALTA EXPERIÊNCIA
ALTA COMPLEXIBILIDADE	CONSULTORIA	RELACIONAMENTO
BAIXA COMPLEXIBILIDADE	FECHAMENTO	APRESENTAÇÃO

Fechamento: esse tipo de abordagem é mais adequado para vendas de produto ou serviço inédito ou desconhecido ao comprador. Normalmente, um novo produto colocado no mercado, e de performance ainda não avaliada. Os potenciais clientes são também inexperientes no seu uso, normalmente o top management da empresa, e baseiam sua decisão principalmente em intuição.

Consultoria: esse tipo de abordagem é mais adequado quando o produto ou serviço oferecido é tecnologicamente avançado, e precisará ser integrado à operação atual do cliente, normalmente substituindo sistemas atuais em uso. A decisão de compra é complexa, envolve vários decision makers e, mais que tudo, é um processo de transferência de know-how do vendedor para o comprador. Daí treinamento e suporte técnico serem condições essenciais para o fechamento do negócio.

Relacionamento: esse tipo de abordagem é o mais recomendado quando os compradores já têm experiência no uso do produto ou serviço, mas a decisão ainda é complexa, envolvendo vários departamentos e impactando no processo produtivo. Confiança e respeito mútuo são condições essenciais da transação, em função da importância da garantia de entrega, reposição, prazos e assistência técnica.

Apresentação: esse tipo de abordagem é o mais recomendado para produtos comuns, conhecidos,de compra rotineira e constante por parte do cliente. A decisão de aquisição é simples, normalmente delegada a escalões inferiores ou departamentos especializados. Aqui, preço e conveniência são os itens mais relevantes para a tomada de decisão.

E a metodologia vai além. Segundo ela, para cada mercado, ou estágio de maturidade de mercado, há um tipo distinto de abordagem de vendas mais eficiente. Para cada abordagem de vendas há um perfil profissional mais adequado. Para cada perfil profissional há uma forma de remuneração mais atraente, assim como um processo de treinamento e um mix de ferramentas de comunicação mais adequadas para reforçar o esforço de vendas.

Enfim, para cada tipo de abordagem, ou quadrante, há um perfil de profissional de venda mais adequado. E para cada perfil de profissional há um grupo de recursos e estímulos que devem ser aplicados:

	BAIXA EXPERIÊNCIA	ALTA EXPERIÊNCIA
ALTA COMPLEXIBILIDADE	VENDEDOR CONSULTOR	VENDEDOR RELACIONADOR
BAIXA COMPLEXIBILIDADE	VENDEDOR FECHADOR	VENDEDOR APRESENTADOR

Vendedor Fechador: é aquele que usa técnicas de persuasão fulminantes, tem um estilo teatral e confiante, é competitivo em tudo que faz. Ansioso e de forte personalidade, adora qualquer campanha que o coloque numa disputa contra os demais membros da equipe, e busca o reconhecimento da empresa, do chefe e dos colegas. Mais do que o produto ou empresa onde trabalha, conhece o segmento e as pessoas da área. Tem enorme facilidade de aceitar o fracasso sem se desmotivar e administra muito bem a rejeição. Sua motivação principal é a comissão, o resultado imediato, o toma lá dá cá. Para ele, amigos vêm e vão, a comissão é cumulativa. Por isso, dá preferência à remuneração com grande percentual baseado em performance. Espera um treinamento técnico sobre o produto ou serviço em questão, quanto mais glamour e ineditismo forem oferecidos pelo produto ou serviço em questão, melhor sua performance. Busca autonomia, baixo volume de responsabilidades de administração e controle e, principalmente, está atrás da chamada chance de brilhar. Seu sistema de remuneração mais atraente é através de ganhos variáveis por performance individual.

Vendedor Consultor: comedido na sua atuação, busca construir uma relação de dependência intelectual com seu cliente. Administra a confrontação, é acadêmico na abordagem, prioriza a competência técnica e o conhecimento profundo da empresa onde atua. Trabalha muito bem em equipe, e tem o dom da paciência, tanto em relação aos clientes quanto aos colegas de departamento. Sua motivação principal é a carreira, a ascensão na empresa, e por isso, busca a valorização de seu trabalho por parte da direção da companhia. Espera da empresa um plano de carreira esquematizado e acompanhado. Mais que um treinamento técnico sobre o produto, busca o desenvolvimento profissional através de participação constante em cursos, congressos e convenções. Para ele, é fundamental a sofisticação do produto ou serviço, e espera um ambiente onde se respire espírito de equipe, trabalho em grupo e colaboração mútua. Prioriza muito a imagem da empresa no mercado, e sua preferência de remuneração seria fixa, individual, além de uma variável por equipe.

Vendedor Relacionador: sua principal recompensa é exatamente o relacionamento, sua carteira de clientes. Preza a manutenção dessas relações e investe pessoalmente nisso. Mistura atividades familiares com profissionais. E quando sai da empresa tem uma grande chance de levar os clientes junto. É persistente e autossuficiente, mas busca suporte da equipe. É confiável, ético – e se orgulha disso – extremamente leal ao cliente, e tem muita facilidade de administrar crises de relação. Autonomia e liberdade de ação são os pontos fortes de atração. Para esse tipo, o reconhecimento dos clientes ocupa posição de destaque em sua motivação, por isso prioriza muito a imagem da empresa junto a esses clientes. Espera basicamente qualidade dos produtos e serviços oferecidos e, apesar de querer independência, espera sempre apoio da chefia e dos colegas de divisão ou departamento. Para ele, definição de trabalho em equipe é: um monte de gente fazendo o que ele mandou. Sua forma preferencial de remuneração é a fixa mais variável, ambas individuais.

Vendedor Apresentador: quer ser aceito socialmente, não estabelece relações duradouras, gosta de se relacionar com gente, e tem volúpia de servir. Gosta de se sentir útil. Adota uma postura *just'n case*. Não é subserviente e sim solícito. Não deve ser confundido com aquele sujeito que ao sair da sala diz ao chefe: "Vou dar uma saidinha e já volto. Se o senhor espirrar na minha ausência, saúde!" É atencioso, busca segurança e valoriza o conhecimento do produto. Não entra em confrontos em nenhuma situação, e administra muito bem a fadiga e o tédio. É interessante analisarmos também essas colunas nas suas diferenças horizontais. Prioriza a estabilidade e segurança acima de tudo. Para ele, os itens benefícios, instalações, além de flexibilidade de horário, assumem grande importância no poder de atração, e espera da empresa apenas conveniência, preço e disponibilidade de seus produtos e serviços. Sua opção preferencial de remuneração é através de um fixo individual, incluindo um prêmio por equipe.

O mais interessante de toda essa análise é que a capacidade de adequar o perfil correto da força de vendas ao tipo de mercado em que irá atuar traz um enorme incremento de produtividade e resultado. É, portanto, cada vez mais fundamental uma abordagem científica tanto no processo de análise do mercado em que atuamos, como nos profissionais mais adequados para trabalhar nesse segmento.

Em parceria com a já mencionada Nexial Consultoria de Nexo, do Zé Luiz Tavares, que colaborou muito no texto deste livro, temos aplicado essa metodologia para vários de nossos clientes. Chegamos até mesmo a um sistema online para que os vendedores de nossos clientes possam descobrir a composição de seus perfis a partir de respostas objetivas a um questionário.

É impressionante como temos encontrado "gente certa tentando vender o produto errado" e vice-versa. Até porque, atualmente, as empresas — principalmente as menores e startups — estão delegando o ato de vender para profissionais de praticamente todas as suas áreas.

Aqui, acho importante fazer um parênteses para conscientizar que a empresa é, geralmente, um lugar de passagem para os profissionais de vendas. Muitas vezes, a pessoa culpa a empresa pela sua trajetória profissional. Mas, na verdade, ela mesma deveria cuidar da sua carreira, e não a empresa onde atua no momento!

"Ninguém É nada: a pessoa
sempre ESTÁ alguma coisa."
Renato Gosling

Uma situação que se observa, especialmente nas startups, é que as pessoas precisam atuar muito mais como "homens de negócios" do que como "homens do negócio". É mais importante ser um profissional de business do que um superespecialista de um determinado segmento de mercado, ou de um negócio específico.

Por isso, independentemente se seu perfil predominante é o de Fechador, Consultor, Relacionador ou Apresentador, hoje em dia, as três características para um profissional de vendas de sucesso são as mesmas: criatividade, espontaneidade e resiliência.

"O maior bloqueio nas nossas vidas
são as nossas próprias inseguranças."
Nélio Bilate

12 FERRAMENTAS
ProspectaOne, Inbound Marketing, Livros e Filmes

ProspectaOne
A internet a serviço da prospecção

Com mais de 20 anos de experiência trabalhando com vendas, percebi que encontrar clientes potenciais para produtos e serviços está se tornando cada dia mais difícil, caro e complicado. Sem falar no tempo precioso investido na organização e gerenciamento de informações sobre clientes e prospects, que chega a consumir até 60% das horas de trabalho dos executivos de vendas.

Os processos de prospecção demandam uma curva de aprendizado longa e árdua, o que fatalmente acarreta em perda de negócios potencialmente interessantes nessa trajetória.

Quem não quer reduzir o custo de aquisição de clientes? Quem não quer potencializar o processo de prospecção do seu negócio? Quem não quer obter mais da sua equipe de vendas com menor investimento em telefonemas e visitas? Depois de tanto ouvir CEOs e diretores comerciais reclamarem dos elevados custos de seus processos de vendas, e por ser um apaixonado pela simplicidade que a internet vem trazendo ao mundo dos negócios, imaginei uma solução que pudesse estar disponível a empresas de todos os portes e segmentos, para que encontrem e organizem seus prospects e, principalmente, aumentem os resultados obtidos.

Assim nasceu o ProspectaOne. Um sistema completo destinado a empresas de vários portes e segmentos de mercado, a encontrarem as pessoas certas e possibilita uma evolução em seus relacionamentos para alcançar suas metas de prospecção de maneira mais efetiva e sem complicações.

Além disso, ele auxilia a mapear o que está acontecendo com seus prospects para que você seja mais assertivo no follow-up e nas suas respectivas tarefas do dia a dia.

Convido você a conhecê-lo e testá-lo gratuitamente no site www.prospectaone.com.br. Tenho certeza de que essa poderosa ferramenta poderá ajudar você a atingir suas metas muito mais rapidamente.

Principais funcionalidades do ProspectaOne

- **Encontrando prospects e empresas:** o algoritmo do ProspectOne vasculha a internet em busca de contatos qualificados, a partir de parâmetros que você define. Cada contato localizado é validado formando uma listagem de prospects pronta a ser abordada e enriquecida.

- **Mantendo contato:** realize contatos mais assertivos e produtivos, estimulando a evolução de cada prospect, com iscas e abordagens eficientes, seja para converter vendas, inibir cancelamentos, aumentar ticket médio ou qualquer outro objetivo comercial do seu negócio.

- **Relatórios de acompanhamento:** por e-mail, você poderá receber alertas e relatórios de cada ação realizada junto aos prospects, acompanhando sua evolução ao longo do "funil de vendas".

- **Definindo seus objetivos:** você define as metas de prospecção e pode acompanhar em tempo real a performance de sua equipe. Tudo de maneira automática e personalizada, mantendo o processo nos trilhos e atuando com ajuda específica no momento certo.

- **Organizando seu pipeline:** você categoriza cada prospect em estágios de maturidade comercial, organizando o pipeline para que sua equipe de vendas possa atuar com a abordagem mais eficiente, no momento de maior probabilidade de conversão.

• **Apoio consultivo:** conte com o apoio de nossa equipe de consultores online para ajudar na configuração do ProspectaOne especialmente para o seu negócio, inclusive com acompanhamento periódico da evolução em relação às metas estabelecidas.

Inbound Marketing

A internet criando valor para a marca e leads para as vendas

Como em todas as vezes que se utiliza expressões inglesas nos negócios, em primeiro lugar temos que entender o que é o inbound marketing. Inbound significa "em entrada", logo, estamos falando em "marketing de entrada". E o que, realmente, isto quer dizer?

É simplesmente o tipo de marketing que faz com que os seus clientes e possíveis clientes sejam "atraídos" até você, por algo que você oferece a eles de forma gratuita: geralmente, conteúdos informativos relevantes para o seu público-alvo.

Assim, o princípio básico do inbound é compartilhar o que você sabe para gerar o reconhecimento.

Gosto de comparar o inbound marketing com o desejo de ter borboletas sempre voando no seu jardim. A melhor maneira de fazer isso é cuidar muito bem dele, para que ele se torne atrativo para as borboletas.

Com um jardim bonito e bem cuidado, as borboletas certamente virão! Dentre as jovens empresas que fazem isso muito bem no Brasil, gosto de citar a SambaTech (sambatech.com) e a Dito (dito.com.br).

O inbound marketing trabalha fundamentalmente com o conceito de Funil de Vendas. Considera que, antes de efetivar a compra, os clientes passam por diferentes estágios de aprofundamento e filtragem, como num funil. Veja na ilustração a seguir:

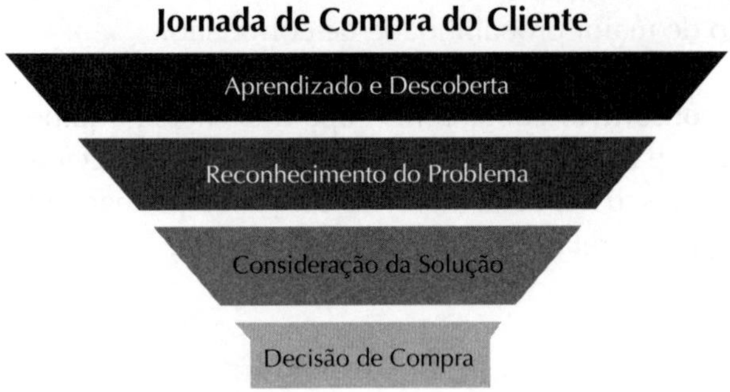

Definição de personas influentes

O primeiro passo para trabalhar bem o inbound é definir a persona, o target, ou seja, quem você precisa impactar. Depois, é necessário estabelecer quais os anseios desses compradores, o que querem saber, o que estão buscando, do que precisam de fato.

Evidentemente, essa pessoa é "genérica", a persona que representa todos os seus clientes e possíveis clientes. Tenha sempre em mente que é para essa pessoa que você irá gerar conteúdo. Por isso, primeiro você precisa definir tudo sobre ela, para que possa produzir um conteúdo realmente atraente e relevante.

Sempre se preocupe em ser cada vez mais relevante para essa "pessoa". Os americanos fazem isso muito bem. A Hubspot é uma empresa fornecedora de soluções de inbound marketing que trabalha de forma impecável, em um nível de detalhamento altíssimo. Eles buscam conhecer até mesmo os objetivos e os desafios das pessoas *prospects* dentro da empresa em que trabalham. Com isso, conseguem gerar conteúdos que falam diretamente a cada um, correspondendo ao momento que o cliente está vivendo.

É comum as empresas usuárias de inbound marketing definirem mais de uma persona como target. Essa prática é até recomendável, mas desde que não sejam muitas, para que não haja perda de foco. Veja um exemplo: você definiu que suas duas personas serão o comprador e seu assistente. Se você estabelece o assistente de comprador como target, em princípio você está "perdendo tempo", pois ele não tem poder de decisão de compra. Entretanto, o assistente pode exercer, eventualmente, algum tipo de influência sobre o comprador, sem falar que, no futuro, ele pode ser promovido e se tornar o próprio comprador.

Por isso, o conteúdo que você for oferecer precisa ser relevante, tanto para um quanto para o outro. O intuito é que você vá nutrindo o interesse deles pelo seu conteúdo e por sua empresa, até que, finalmente, um deles entre em contato e compre o seu produto ou serviço.

Criação de conteúdos relevantes

Para que se tenha um bom resultado com o inbound, é preciso ser capaz de gerar conteúdo relevante para o seu público-alvo, definido de acordo com o que foi mencionado no parágrafo anterior.

Mas o que é exatamente "criar conteúdo relevante"? Vamos dar um exemplo prático: sua empresa é uma fábrica de colchões de molas. O seu público-alvo são homens e mulheres adultos que estão preocupados em comprar ou trocar seu colchão, que vamos chamar aqui de persona doméstica. E também existem os donos e gestores de mobiliário de hotéis e pousadas, que precisam de colchões em seus estabelecimentos e que passaremos a denominar de persona business. Tanto para uma persona como para outra, você precisa produzir conteúdo que traga não apenas informações sobre seu produto, mas tudo o que está no entorno de seu processo de escolha, compra e uso.

Você poderá falar sobre a importância do sono para o organismo, dar dicas que ajudem a obter uma melhor qualidade do sono, reproduzir estudos clínicos sobre o tema, comparar as diferenças entre diversas tecnologias de produção de colchões, falar sobre saúde, sexo e até sobre sonhos, permeando ainda outros assuntos de interesse exclusivo da persona business, como por exemplo, reproduzir pesquisas nacionais e internacionais sobre o comportamento ou opinião de hóspedes a respeito do conforto oferecido pelos hotéis. Tudo isso são formas de se tornar gradativamente relevante para o seu público-alvo, assumindo o papel de fonte de referência para ele. A partir daí, muitos de seus seguidores passarão a contatá-lo e poderão se tornar clientes efetivos.

No mundo atual, onde a internet se tornou o maior canal para obtermos informações e fazer negócios, o inbound marketing "explodiu"! Ele é uma estratégia muito eficiente de marketing e vendas, mas pode se tornar muito complexo, pois para obter os melhores resultados, você dependerá de vários elementos de tecnologia de internet, como softwares específicos, SEO (Search Engine Optimization), blogs, ebooks, redes sociais, etc. E isso é apenas o "arroz com feijão" do inbound. Por isso, é preciso ponderar muito bem até que ponto vale a pena fazer tudo dentro da sua empresa ou terceirizar para algum fornecedor capacitado a fazer essa gestão de forma efetiva. Quando se começa a trabalhar o inbound, descobre-se que é uma tarefa que envolve constante experimentação, na base da "tentativa e erro". É algo que realmente envolve a nossa capacidade de sentir, o nosso feeling para saber se uma experiência poderá ou não dar certo, se vale a pena tentar ou não.. Você precisará sempre experimentar para ver o que funciona ou não, para aprender com o erro. Por isso, assim como no bom e velho marketing direto, ter variedade de conteúdo é vital no inbound marketing. E, além do conteúdo, a sua experimentação também vai passar pelos diversos softwares, pelas metodologias de trabalho e pelas pessoas envolvidas no processo de produção e administração da operação.

Uso de softwares específicos

Uma das ferramentas mais eficientes, senão a mais eficiente, para que façamos um bom inbound marketing, são os softwares específicos, criados para a implementação e gestão do processo. Geralmente, são softwares que você pode alugar, pagando um valor mensal pela licença de uso (SaaS - Software as a Service). Existem diversos no mercado, inclusive alguns — muito bons — de desenvolvimento nacional.

Esses softwares são ferramentas incríveis que transformam totalmente a experiência de fazer inbound marketing. O ganho em eficiência proporcionado por esse tipo de ferramenta é enorme e seus usuários podem contar com diversos recursos. Quando você começa a trabalhar utilizando um software dedicado ao inbound marketing, à medida que cria conteúdo de qualidade, começa a acumular leads. Ou seja, "fichas" de pessoas que podem vir a se tornar seus clientes e, efetivamente, comprar seus produtos ou contratar seus serviços. Os seus leads são avaliados pelo próprio sistema, criando um ranking, o lead scoring, no qual cada um deles recebe uma nota de A a C , sendo "A" o lead mais propenso a se tornar um cliente efetivo, de acordo com a definição de cliente que você tenha criado e informado ao sistema. O software é inteligente o suficiente para dizer se um lead é interessante para você ou não, baseado nos perfis de cliente previamente cadastrados.

A base de tudo, para que você obtenha os melhores resultados, é abastecer o banco de dados com conteúdos relevantes para o seu público-alvo. Você começa criando conteúdo "topo de funil": um conteúdo mais abrangente que serve para muitas pessoas, dentro do universo do seu público-alvo. Depois, começa a aprofundar o tema, até chegar ao "fundo de funil", distribuindo conteúdo bem específico para os seus leads. Esse conteúdo mais específico, de grande relevância para as personas que definiu previamente, é que acaba gerando reconhecimento, levando os seus leads a entrarem em contato e comprar o que você estiver vendendo. Com o uso deste tipo de ferramenta, publicando informações assertivas e nutrindo o cliente potencial constantemente, muitos leads acabam entrando em contato por iniciativa própria e até agradecendo pelas informações, pelo valor nelas percebido! Esse é mais um passo em direção da conversão daquele lead em venda efetiva. As estatísticas mundiais comprovam que apenas uma mínima parte dos prospects que entram no "topo do funil" chega a percorrer toda a "jornada de compra" transformando-se em clientes efetivos no "fundo do funil". Nesse caso, o número mágico adotado pelo mercado é 1%. Ou seja, do total de prospects que você trabalhar no inbound marketing, apenas 1% se tornará cliente efetivo. Confira no gráfico a seguir.

Funil de Vendas

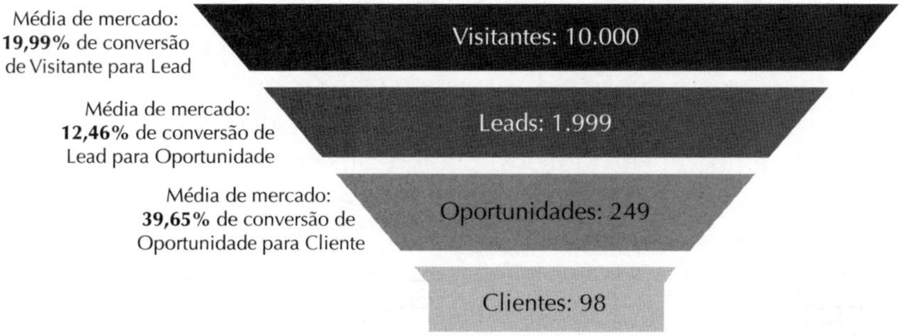

Previsão de Receita = Clientes x Ticket Médio

Para atingir essas médias de conversão, especialistas do inbound marketing elaboraram alguns indicadores que definem os principais critérios de qualidade no uso da ferramenta:

- Taxa de entrega: >95%
- Abertura de e-mail: >15%
- Clique no e-mail: >2%
- Solicitação de descadastramento: <1%

Sem dúvida, o inbound marketing revolucionou e continua a revolucionando as vendas. Em muitas empresas que já o adotaram, os vendedores não mais utilizam o telefone para prospectar, evitando as tradicionais cold calls ("ligações frias", do inglês), que não passam de uma verdadeira loteria na qual o vendedor contata empresas nas quais não conhece ninguém e se apresenta para tentar vender. Com o uso do inbound marketing, são gerados leads, que depois são qualificados e, só então, há o contato efetivo. Com isso, a produtividade e os resultados em conversão são sempre muito maiores.

Com os softwares de inbound é possível criar um histórico completo de todos os leads adquiridos: você tem informações completas sobre o que eles leram, os assuntos mais relevantes para cada pessoa, que interações foram feitas com o material que você disponibilizou, os downloads realizados, e-mails que foram lidos, etc. Essas são informações de valor inestimável, pois norteiam, em tempo real, o que você pode e deve fazer para aumentar a eficiência de suas ações, a fim de que resultem em aumento do nível de conversão de vendas.

Dentre os softwares disponíveis no mercado, destaco os seguintes:

Eloqua: de US$2.000 a US$6.500 mensais. Solução integrada que permite construir base de dados de prospects, executar campanhas, marcar leads e medir o impacto da sua comercialização. A plataforma possui um sistema de segmentação de leads avançada que permite cortar os dados por grupos demográficos, comportamentais, ou outros critérios. Recomendado para médias e grandes empresas que procuram soluções altamente personalizadas.

Hubspot: a partir de US$300/mês. Solução para pequenas e médias empresas, fornece uma plataforma robusta para empresas tecnologicamente pouco experientes. Permite postar no blog, criar formas de captura de prospects, controlar a mídia social, e monitorar o seu sucesso a partir de uma única interface. O pacote também inclui recursos de SEO.

Marketo: de US$750 a US$25.000 mensais. É um software de inbound marketing high-end focado em relacionamento B2B. Suas ferramentas são projetadas para integração com o ciclo de vendas do comprador. O software captura dados que são utilizados para criar perfis detalhados dos clientes, ajudando a determinar caminhos comportamentais específicos dessas personas. Conta ainda com ferramentas avançadas e altamente personalizáveis de relatórios de ROI. É um software que exige alto nível de conhecimento técnico e é o mais popular entre empresas de grande porte.

Optify: de US$300 a US$800 mensais. Oferece geração de peças de marketing digital, divulgação de conteúdo, e mensuração de ROI de marketing. A ferramenta rastreia o tráfego da web, tendências de pesquisa dos visitantes do seu site e atividades de mídia social. Possibilita mensurar o impacto de todos os canais de marketing em uma única interface. Optify também oferece ferramentas avançadas de SEO, marketing em redes sociais e funcionalidades para e-mail marketing.

Pardot: de US$1.000 a US$3.600 mensais. Software de inbound marketing B2B que concentra processos de atração, captura e gestão de leads. Famoso por sua facilidade de construção de bases de leads e integração com landing pages. Também se conecta com esforços de mídia social e campanhas de e-mail marketing, permitindo fluxo de leads automatizado.

RD Station: de R$269 a R$1.399 mensais. Considerado o melhor software de desenvolvimento nacional para inbound marketing. Reúne todas as funcionalidades para a prática do Marketing Digital: automação de marketing, nutrição de leads, criação de landing pages, configuração e disparo de e-mail marketing, otimização para buscadores (SEO), integração com mídias sociais, gestão de contatos e lead scoring, análise e planejamento de campanhas.

ExactSales: "Encontre o cliente certo, no momento certo", a empresa é especialista em detecções automáticas por inteligência artificial, tornando os processos de vendas mais replicáveis e eficientes; oferece o software chamado Exact Spotter, cujos valores variam de R$399 a R$999 (implementação obrigatória com custos), especializado em coleta de dados ricos e tomada de decisões automatizadas, tais como se o cliente potencial está pronto para avançar no processo, e qual a dor que este clientes está sentindo. Este software é voltado ao time de pré-vendas (SDR - Sales Development Representative), diminuindo custos de aquisição de cliente e aumentando a eficiência da equipe de vendas.

Oferecem ainda um outro software chamado Exact Success, Sucesso dos Clientes (CS - Customer Success), a partir de R$999 (implementação obrigatória com custos), que auxilia o cliente a chegar ao sucesso com o produto ou serviço adquiridos, e detectar ameaças e oportunidades na base de clientes antes destes se tornarem churn (perda).

ALGUMAS FUNCIONALIDADES INTERESSANTES DO SOFTWARE EXACT SPOTTER

FILTRO DE LEADS

Possibilita programar filtros com chaveamentos automáticos de dados, baseados em critérios que determinam se o lead está no momento técnico e situacional ideal para ir para a próxima etapa da venda.

DETECÇÕES AUTOMÁTICAS

Possibilita programar lógicas de respostas para o software detectar automaticamente o produto ideal para oferecer e/ou a dor exata de cada lead.

GATILHOS MENTAIS E DERIVAÇÕES DE PERGUNTAS

Possibilita programar lógicas de argumentações pré predeterminadas, bem como derivar perguntas a partir de respostas dadas, permitindo a criação de pitchs exclusivos por conversa. Estas ferramentasgarantem um alto nível de troca de informação entre pré-vendedor e lead, além de dar velocidade ao ramping do pré-vendedor.

PAINEL DE GERENCIAMENTO

Acompanha o desempenho da equipe de pré-vendas (SDR) de maneira rápida e profunda. A plataforma indica qualidades das visitas, conversões gate-to-gate e mais.

REGISTRO DE LIGAÇÕES

É possível ligar pelo software, gerando gravação no histórico do lead e possibilitando análises por cruzamentos posteriores, tais como a detecção das melhores horas do dia para ligar para cada perfil de lead.

GAMIFICATION DE META POR QUALIDADE DE VISITA AGENDADA

O software tem uma espécie de game simples, onde o pré-vendedor tem o objetivo de qualidade de visitas marcadas em vez de quantidade de visitas (baseado no feedback feito por um e-mail enviado pelo software para os vendedores após a visita).

PREPARAÇÃO DO VENDEDOR

O programa envia um e-mail com informações do lead para o vendedor, preparando-o previamente para a visita.

GRÁFICOS DE ANÁLISE

O software gera relatórios ricos de análises para você embasar suas decisões estratégicas, podendo cruzar qualquer informação e torná-la padrão.

ALGUMAS FUNCIONALIDADES INTERESSANTES DO SOFTWARE EXACT SUCCESS

CATEGORIZAÇÃO DE CLIENTES

Possibilita categorizar o cliente por perfil de oportunidade e necessidade, determinando a frequência de contato ideal para cada tipo de cliente.

FLUXO DE CONTATOS AUTOMÁTICOS

Automatiza as interações com os clientes, permitindo que sejam feitas por e-mail ou telefone, e predeterminadas por fluxos automáticos de envio.

GATILHOS DE PULO DE FLUXO

Comportamento de envio de material ao cliente guiado pela interação dele com o produto ou serviço, e/ou nas coletas feitas com ele.

AUTOMAÇÃO DE ÍNDICES

Possibilita criar lógicas para indicar índices predefinidos, tais como probabilidade de churn, NPS e cross-selling, por exemplo; podendo criar ações para cada índice problemático, ou para cada oportunidade detectada.

Mas, lembre-se que tão ou mais importante do que o uso de um bom software, é a disseminação na empresa da cultura do uso desse software. E isso não se faz por decreto. Nesse caso, o top down não funciona!

Conhecimento nunca é demais
7 livros de cabeceira essenciais e 5 filmes
que vão inspirar qualquer vendedor

O hábito de ler é extremamente importante para o desenvolvimento pessoal e profissional, afinal, livros são verdadeiras fontes de conhecimento, ajudam a ampliar o vocabulário e, como se não bastasse, enriquecem a bagagem cultural.

Os bons profissionais de venda sabem disso, tanto que não abrem mão da leitura como estratégia para aprender e aperfeiçoar continuamente a sua performance nas negociações. Assim, indico 7 livros de cabeceira essenciais para que você aperfeiçoe algumas técnicas e se torne um vendedor bem-sucedido.

Encabeçando a lista, está o best seller ***Como fazer amigos e influenciar pessoas***, escrito por Dale Carnegie. O livro estadunidense já vendeu mais de 50 milhões de exemplares, e no Brasil tornou-se sucesso absoluto. Muito mais do que uma obra de autoajuda, esse livro traz preciosas lições sobre comunicação e relacionamentos interpessoais. Mesmo após oito décadas desde sua primeira publicação, o livro continua sendo uma obra atualíssima, e traz dez entrevistas com empresários e executivos de destaque que oferecem diversos pontos de vista sobre a realidade do mercado, por meio de seus relatos e experiências nas diferentes áreas em que atuam.

Eis aqui outro clássico das vendas! O livro ***Negocie para vencer***, ano após ano, se consolida como livro de cabeceira dos vendedores de sucesso. Recomendada por grandes coaches empresariais, a obra não fala apenas sobre o poder da persuasão; o autor William Ury vai além e mostra a importância da empatia nos processos de venda, trata a diferença entre negociação e confronto, e oferece soluções criativas para transformar o "não" em "sim".

O livro ***"Você, um grande negociador"***, de Carlos Alberto Júlio, é uma daquelas obras gostosas de ler. De fácil entendimento e linguagem objetiva, o livro apresenta em cada capítulo perguntas que os vendedores, provavelmente, fazem todos os dias. Ao final das 158 páginas, certamente a maioria dessas questões será satisfatoriamente respondida para você.

Escrito pelo grande guru da negociação, Herb Cohen, o quarto livro do nosso Top 7 traz incríveis dicas para vendedores, além de assegurar que tudo pode ser negociado. ***Você pode negociar qualquer coisa*** quebra inúmeros paradigmas e mitos, provando que realmente dá para vender qualquer coisa. Essa dica de leitura é para os vendedores riscarem de vez a palavra "impossível" do vocabulário.

Para quem gosta de relatos inspiradores, baseados em fatos reais, um livro que não pode faltar na cabeceira é ***Do fracasso ao sucesso em vendas***, escrito por Frank Bettger. O livro conta a trajetória do próprio autor, que passou de corretor fracassado a um dos mais bem pagos vendedores dos Estados Unidos. A receita do sucesso? Simplesmente identificar o que as pessoas querem.

Como se destacar no competitivo, dinâmico e desafiador mercado de vendas? O sexto livro da nossa lista dá dicas eficazes de como tornar isso possível. De autoria de Arthur Bender, a obra ***Personal Branding*** apresenta propostas objetivas para gerenciar e potencializar sua imagem, construindo assim uma boa reputação como vendedor.

O livro ***Preparando a nova geração para vencer***, de Eduardo Tevah, tem se tornado o queridinho de novos vendedores e jovens empreendedores. O autor tem uma ampla experiência em vendas B2B e no varejo, além de ser um renomado palestrante. O conteúdo rico aliado à linguagem clara fazem valer a leitura. Especialmente indicado para vendedores de primeira viagem!

Além dos livros, há alguns filmes divertidos e emocionantes que também podem nos inspirar no trabalho de vendas. Boas histórias de superação e sucesso podem nos motivar ainda mais a buscar nossa realização pessoal e profissional. Melhor ainda se o filme for baseado em fatos reais, o que reafirma mais a certeza de que o impossível pode sim ser alcançado, desde que se tenha uma dose extra de força e perseverança. Para ajudar na sua inspiração, a seguir estão 5 filmes capazes de motivar qualquer vendedor a nunca desistir de alcançar o tão sonhado sucesso. Confira a lista:

Obrigado por Fumar: essa obra de 2006 conta com boas doses de sarcasmo e bom humor para narrar a trajetória do lobista Nick Naylor (Aaron Eckhart), o principal porta-voz de grandes empresas de cigarros, na luta para proteger o direito de fumar dos cidadãos americanos. Ele passa por vários dilemas morais impostos por sua carreira, e isso acaba gerando alguns conflitos na relação com seu filho. Nick Naylor é o representante do ideal de um conglomerado de empresas e usa todo seu conhecimento para vender a ideia de que o cigarro não faz mal. Sem considerarmos que o cigarro realmente é um mal para a saúde, o personagem do filme age exatamente como um vendedor deve fazer: persuasivamente. Ele detém o poder da informação e usa isso a seu favor para contornar cada objeção que lhe é imposta. Como representante midiático da empresa, ele sabe que o sucesso das vendas depende de seu desempenho.

O Discurso do Rei: neste filme de 2010, Colin Firth interpreta o rei inglês George VI, que assume o trono depois de seu irmão abdicar. Por conta de uma gagueira nervosa que possui desde os quatro anos de idade, George VI é considerado incapaz de governar e inspirar seu povo, já que não é capaz de realizar nenhum discurso. Sem conseguir um tratamento eficaz com os melhores médicos da realeza, sua esposa Elizabeth o leva até o terapeuta Lionel Logue, que o trata com métodos pouco convencionais. Um vendedor deve assumir a postura do rei George VI: a de reconhecer seus pontos fracos, superá-los e transformá-los em pontos fortes. Há vários vendedores que se acham verdadeiros reis, porém são arrogantes e sem humildade. Alguns resultados podem não ser como o esperado simplesmente porque não conseguimos enxergar nossas falhas. O sucesso e o autoconhecimento andam lado a lado.

O Homem que Mudou o Jogo: o filme foi indicado a seis estatuetas do Oscar 2011 e é estrelado por Brad Pitt. Conta a história real de Billy Beane, gerente do time de beisebol americano Oakland Athletics. Apesar de seu time ter um orçamento muito abaixo quando comparado aos demais da mesma liga, Billy tem a missão de montar uma equipe de alto nível para voltar a se destacar no cenário nacional. Esse filme tem muito a ensinar, principalmente para os gestores de equipes de vendas. Para se ter uma empresa campeã, é necessário ter os melhores vendedores. Saber identificar as competências de cada membro, ter uma equipe com habilidades variadas e com isso formar um time de vendas campeão é função do gestor. No filme, fica claro como é importante a complementariedade na formação de uma equipe de alto nível e a criação de um objetivo comum a todos.

***De Porta em Porta*:** independente da profissão que você exerça, esse filme de 2002 certamente, servirá de inspiração. É baseado na história verídica de Bill Porter, um jovem com paralisia cerebral que luta para conquistar um emprego de vendedor de porta em porta. Após várias insistências e discriminações por sua deficiência, ele consegue a vaga. Tendo que passar por vários desafios e testes dentro da empresa, Bill mostra a todos do que é capaz e se torna o vendedor de maior destaque da organização. O ensinamento para que ele obtenha sucesso na vida e na carreira vem de sua mãe, que lhe dizia sempre em momentos difíceis: "persistência e paciência". Essa talvez possa ser uma das lições mais complicadas de se aprender, principalmente pela constante cobrança por resultados. Outra lição que pode ser aprendida com o persistente vendedor do filme é que precisamos entender o cliente, ouvir seus anseios de forma interessada e tratar a todos com igualdade para que o sucesso cruze nosso caminho.

***À Procura da Felicidade*:** esse filme de 2006 é para o vendedor que quer se emocionar, pois é baseado em uma história real. Will Smith interpreta Chris Gardner, um vendedor que depois de gastar suas economias em um negócio sem futuro, é abandonado pela mulher. Ele chega a morar nas ruas com seu filho pequeno, se reinventando a cada dia para vender seu produto, além de procurar um lugar em que pudessem comer e dormir. Essa comovente jornada de Chris Gardner até o sucesso nos revela várias lições, como persistência e superação, mas que, infelizmente, podem ser esquecidas diante das dificuldades do dia a dia.

FONTES E REFERÊNCIAS

Na Internet

ABS Associação Brasileira de Startup - http://www.abstartups.com.br/
Bel Pesce - www.belpesce.com
Carlos Julio - www.carlosjulio.com.br
Chally Group - http://chally.com/
Contentools - www.contentools.com
Dito - www.dito.com.br
ExactSales - www.exactsales.com.br
Founder Institute - www.fi.co
Guy Kawasaki - http://guykawasaki.com/
HubSpot - www.hubspot.com
InsideSales - www.insidesales.com
Meio&Mensagem - www.mmonline.com.br
Metodologia Sandler - http://www.sandler-br.com/sobre
Moskit CRM - www.moskitcrm.com.br
Neil Patel - www.neilpatel.com
Neotix - www.neotix.com.br
Nexial - www.nexial.com.br
Olivas Digital - www.olivasdigital.com.br
Outbound Marketing - www.outboundmarketing.com.br
Paola Tucunduva - http://www.paolatucunduva.com.br/
PlugCRM - www.plugcrm.com.br
ProjetoDraft - www.projetodraft.com.br
ProspectaInc - www.prospectainc.com.br
ProspectaOne - www.prospectaone.com.br

Renato Gosling Palestrante - www.renatogosling.com
Resultados Digitais - www.rdstation.com.br
RockContent - www.rockcontent.com.br
Room33 - www.room33.com.br
SalesForce - www.salesforce.com
SambaTech - www.sambatech.com.br
Sandra Turchi - http://sandraturchi.com.br/
Sebrae - www.sebrae.com.br
Startupi - www.startupi.com.br
Techcrunch - https://techcrunch.com/

Na Estante

O Vendedor do futuro - Renato Gosling
O Marketing na era do nexo - Walter Longo e Zé Luiz Tavares
Como fazer amizades e influenciar pessoas - Dale Carnegie
Negocie para vencer - William Ury
Você, um grande negociador - Carlos Alberto Júlio
Você pode negociar qualquer coisa - Herb Cohen
Do fracasso ao sucesso em vendas - Frank Bettger
Personal Branding - Arthur Bender
Preparando a nova geração para vencer - Eduardo Tevah
Spin Selling - Neil Rackham
A startup enxuta - Eric Ries
The predictable revenue - Aaron Ross
Estratégia do oceano azul - Renée Mauborgne e W. Chan Kim
ZMOT conquistando o momento zero da verdade - Jim Lecinski
Vale do Silício - Entenda como funciona a região mais inovadora do planeta - Reinaldo Normand
A arte da guerra e a arte das vendas: A estratégia de Sun Tzu para as Vendas - Gary Gagliardi
O livro vermelho de vendas - Jeffrey Gitomer
As 365 frases impactantes e inspiradoras para seu negócio - Renato Gosling
Sonho grande - Cris Correa
Satisfação garantida - Tony Hsieh
Marketing e comunicação na era pós-digital: as regras mudaram - Walter Longo
Como chegar ao fim - William Ury
The ultimate sales machine - Chet Holmes
As 48 leis do poder - Robert Greene e Joost Elffers

Nas Telas

O Lobo de Wall Street, com Leonardo DiCaprio - 2014
Direção: Martin Scorsese

Obrigado por Fumar, com Aaron Eckhart - 2006
Direção: Jason Reitman

O Discurso do Rei, com Colin Firth - 2010
Direção: Tom Hooper

O Homem que Mudou o Jogo, com Brad Pitt - 2011
Direção: Bennett Miller

De Porta em Porta, com William H. Macy - 2002
Direção: Steven Schachter

À Procura da Felicidade, com Will Smith - 2006
Direção: Gabriele Muccino

NAS FRASES

Aprendizado

"Os analfabetos do próximo século não são aqueles que não sabem ler ou escrever, mas aqueles que se recusam a aprender, reaprender e voltar a aprender."
Alvin Tofler

"Eu não me envergonho de corrigir meus erros e mudar as opiniões, porque não me envergonho de raciocinar e aprender."
Alexandre Herculano

"Confessar um erro é demonstrar, com modéstia, que se fez progresso na arte de raciocinar."
Jonathan Swift

"Não basta ensinar ao homem uma especialidade, porque se tornará assim uma máquina utilizável e não uma personalidade. É necessário que adquira um sentimento, um senso prático daquilo que vale a pena ser empreendido, daquilo que é belo, do que é moralmente correto."
Albert Einstein

"A mente que se abre a uma nova ideia jamais voltará ao seu tamanho original."
Albert Einstein

"Experiência não é o que acontece com você, mas o que você fez com o que lhe aconteceu."
Aldous Huxley

"Os problemas significativos que enfrentamos não podem ser resolvidos no mesmo nível de pensamento em que estávamos quando os criamos."
Albert Einstein

Autoconfiança

"Se você acredita que pode, você tem razão. Se você acredita que não pode, também tem razão."
Henry Ford

"Uma chave importante para o sucesso é a auto-confiança. Uma chave importante para a auto-confiança é o preparo."
Arthur Ashe

"Seu futuro depende de muitas coisas, mas principalmente de você."
Frank Tyger

"Campeões não são feitos em academias. Campeões são feitos de algo que eles têm profundamente dentro de si – um desejo, um sonho, uma visão."
Muhamad Ali

"A altura das suas realizações será igual à profundidade das suas convicções."
William F. Scolavino

"A próxima fronteira não está somente à sua frente, ela está dentro de você."
Robert K. Cooper

"A maioria de nós está em contato com nossa intuição quer saibamos disto ou não, mas normalmente temos o hábito de duvidar dela ou contradizê-la tão automaticamente que nós nem percebemos que ela tem falado."
Shakti Gawain

"O que é necessário para mudar uma pessoa é mudar sua consciência de si mesma."
Abraham Maslow

"Poucos são aqueles que veem com seus próprios olhos e sentem com seus próprios corações."
Albert Einstein

"Aquele que conhece os outros é sábio, aquele que conhece a si próprio é iluminado."
Lao-Tsé

"O que é necessário mudar numa pessoa é mudar sua própria percepção."
Abraham Maslow

"Todas as pessoas deveriam ouvir atentamente a voz de suas consciências; seja o seu próprio instrutor e procure dentro de si o Reino de Deus. Quem aderir a isso, não será subjulgado por nenhuma autoridade."
Mahatma Gandhi

"Nós sabemos o que somos, mas não o que podemos ser."
William Shakespeare

"Os seres humanos, ao mudarem suas posturas internas, podem alterar os aspectos externos de sua vida."
William James

"O maior dos erros é não ter consciência de nenhum."
Thomas Carlyle

"Aquele que conhece outros homens é perspicaz; aquele que conhece a si próprio é inteligente. Aquele que domina outros homens é forte; aquele que domina a si mesmo é poderoso."
Lao-Tzu

Atitude e Ação

"Você perde 100% dos tiros que não dá."
Wayne Gretzky

"Não confunda movimento com ação."
Ernest Hemingway

"Você nunca sabe que resultados virão da sua ação. Mas se você não fizer nada, não existirão resultados."
Mahatma Gandhi

"Se a dúvida está te desafiando e você não agir, as dúvidas crescerão. Desafie as dúvidas com ação e você crescerá. Dúvida e ação são incompatíveis."
John Kanary

"Realização parece estar conectada com a ação. Homens e mulheres de sucesso mantêm-se em movimento. Eles cometem erros, mas não param."
Autor desconhecido

"Feitos, e não palavras, devem me exprimir."
John Fletcher

"É mais fácil pedir perdão do que pedir permissão."
Stuart

"Agir é acreditar."
Romain Rolland

"Atitude é uma coisa pequena que faz uma grande diferença."
Winston Churchill

"A genialidade é 1% inspiração e 99% transpiração."
Albert Einstein

Capital intelectual e Gestão do conhecimento

"A revolução da informação representa um nítida transferência de poder de quem detém o capital para quem detém o conhecimento."
Peter Drucker

"O conhecimento era um bem privado, associado ao verbo SABER. Agora, é um bem público ligado ao verbo FAZER."
Peter Drucker

"Nós não sabemos o que não sabemos. E até pior: Nós nem mesmo sabemos que não sabemos isso."
Extraída do livro *Balanced Scorecard Pessoal*

"Saber é saber que você não sabe nada. Esse é o verdadeiro sentido do verdadeiro conhecimento."
Confúcio

"Não seremos limitados pela informação que temos. Seremos limitados por nossa habilidade de processar esta informação."
Peter Drucker

"O futuro das organizações e nações dependerá cada vez mais de sua capacidade de aprender coletivamente."
Peter Senge

"A única sabedoria verdadeira está em saber que você não sabe nada."
Sócrates

"Não é possível ensinar nada a um homem; você apenas pode ajudá-lo a descobrir esse conhecimento nele próprio."
Galileu Galilei

Cegueira Gerencial

"Integridade intelectual é a habilidade de ver o mundo como ele é, e não como você gostaria que ele fosse."
Peter Drucker

"A decadência começa no topo."
W. Edwards Demming

"A tradição é a personalidade dos imbecis."
Albert Einstein

Colaboração e Compartilhamento de Conhecimento

"Se dois homens vêm andando por uma estrada, cada um carregando um pão, e, ao se encontrarem, eles trocam os pães, cada homem vai embora com um. Porém, se dois homens vêm andando por uma estrada cada um carregando uma ideia, e, ao se encontrarem, eles trocam as ideias, cada homem vai embora com duas. Sempre que possível troque ideias, elas esclarecem, acrescentam, ajudam, evoluem... ainda que você não precise, servirão para o outro."
Ditado Chinês

Competição

"Uma empresa se rende aos negócios do amanhã quando se aprimora sem tornar-se diferente."
C.K Prahalad

Coragem

"É muitas vezes nas pequenas coisas e não nas grandes que se conhecem as pessoas corajosas."
Baldassare Castiglione

"Grandes almas sempre encontram forte oposição de mentes medíocres."
Albert Einstein

"Coragem é resistência ao medo, domínio do medo, e não ausência do medo."
Mark Twain

"Devemos construir diques de coragem para conter a correnteza do medo."
Martin Luther King

"A diferença fundamental entre o homem comum e o guerreiro, é que o guerreiro encara tudo como desafio, enquanto o homem comum encara tudo como benção ou maldição."
Carlos Castañeda

Criatividade e Inovação

"Todas as inovações eficazes são surpreendentemente simples. Na verdade, o maior elogio que uma inovação pode receber é haver quem diga: isto é óbvio. Por que não pensei nisso antes?"
Peter Drucker

"Muitas vezes é melhor pedir perdão do que pedir permissão."
Emilio Herrero Filho

"Não deixe o ruído das opiniões de outras pessoas calar sua própria voz interior. Tenha coragem de seguir seu coração e intuição."
Steve Jobs

"O verdadeiro ato de descoberta consiste não em encontrar novas terras, mas em ver com novos olhos."
Marcel Proust

"Aproveite as ideias que as pessoas te apresentam, pois até mesmo um relógio parado está certo duas vezes por dia."
Marcelo de Souza Bastos

"Se à primeira vista a ideia não for absurda, não há esperança para ela."
Albert Einstein

"O que os empreendedores têm em comum não é determinado tipo de personalidade, mas um compromisso com a prática sistemática da INOVAÇÃO."
Peter Drucker

"Um pressentimento é a criatividade tentando te dizer algo."
Frank Capra

"A inovação sempre significa um risco. Mas ir ao supermercado de carro para comprar pão também é arriscado. Qualquer atividade econômica é de alto risco e não inovar — isto é, preservar o passado — é muito mais arriscado do que construir o futuro."
Peter Drucker

"Um executivo que não sabe gerenciar a inovação é incompetente e inadequado para a sua função."
Peter Drucker

"O sábio não é o homem que dá as verdadeiras respostas: É aquele que faz as verdadeiras perguntas."
Claude Lévi-Strauss

"Inovação é atribuir novas capacidades aos recursos (pessoas e processos) existentes na empresa para gerar riqueza."
Peter Drucker

"Para usarem o seu potencial criativo, as pessoas precisam de :
- Liberdade para estudar;
- Liberdade para questionar;
- Liberdade para se expressar;
- Liberdade para serem elas mesmas."
M. I. Stein

"Um aspecto essencial da criatividade é não ter medo de fracassar."
Dr. Edwin Land

"As empresas inovadoras não gastam esforços para defender o passado."
Peter Drucker

"Há dois tipos de pessoas no mundo: os realistas e os sonhadores. Os realistas sabem aonde estão indo. Os sonhadores já estiveram lá."
Robert Orben

"Imaginação é o início da criação. Nós imaginamos o que desejamos; nós seremos o que imaginamos; e, no final, nós criamos o que nós seremos."
George Bernard Shaw

"Criatividade é fazer o novo e reordenar o velho."
Mike Vance

"A curiosidade é mais importante do que o conhecimento."
Albert Einstein

"Se quiser ter uma boa ideia, tenha uma porção de ideias."
Thomas Edison

"Toda revolução foi, a princípio, uma ideia no cérebro de um homem"
Ralph Waldo Emerson

"A imaginação é mais importante do que o conhecimento."
Albert Einstein

"Nunca no mundo uma bala matou uma ideia."
Monteiro Lobato

"O homem sensato adapta-se às condições que o rodeiam; o homem que não é sensato faz com que as condições que o rodeiam se adaptem a ele. Qualquer progresso, portanto, depende do homem que não é sensato."
George Bernard Shaw

"Uma vida gasta cometendo erros não é mais honrada, mas é mais útil do que uma vida gasta fazendo nada."
George Bernard Shaw

"Nunca tenha medo de tentar algo novo. Lembre-se, os amadores construíram a arca. Profissionais construíram o Titanic."
Autor desconhecido

"A imaginação é mais importante que a ciência, porque a ciência é limitada, ao passo que a imaginação abrange o mundo inteiro."
Albert Einstein

"Quem nunca errou nunca experimentou algo novo."
Albert Einstein

"Existe algo mais importante do que a lógica: a imaginação. Se a ideia é boa, a lógica deve ser jogada pela janela."
Alfred Hitchcok

"Não existe comparação entre aquilo que é perdido por não se obter êxito e aquilo que é perdido por não se tentar."
Francis Bacon

"Ter coragem não é algo que requeira qualificações excepcionais, fórmulas mágicas ou combinações especiais de hora, lugar e circunstância. É uma oportunidade que, mais cedo ou mais tarde, é apresentada para cada um de nós."
John F. Kennedy

Espírito de Equipe

"O que une uma equipe é quando um cobre as fraquezas do outro."
Phil Jackson

"As equipes brilhantes são formadas por pessoas especiais que, em geral, se irritam umas com as outras. Mas, com a ajuda "espiritual" de um líder "iluminado", encontram a forma de serem elas mesmas e, ao mesmo tempo, consagrarem-se como equipe."
Tom Peters

"Com talento ganhamos partidas; com trabalho em equipe e inteligência ganhamos campeonatos."
Michael Jordan

"Quando todos pensam da mesma forma, alguém não está pensando."
George Patton

"Unir-se é um bom começo, manter a união é um progresso, e trabalhar em conjunto é a vitória."
Henry Ford

"Nenhum de nós é tão inteligente quanto todos nós juntos."
Warren Bennis

"Nunca esqueça que a vaidade é inimiga do espírito de equipe."
Bernardinho

"O trabalho em equipe é um malabarismo constante entre o interesse próprio e o interesse do grupo."
Susan Campbell

"Na longa história da espécie humana (e do gênero animal, também), prevaleceram os indivíduos que aprenderam a colaborar e a improvisar com mais eficácia."
Charles Darwin

Estratégia

"Conhecer o outro e conhecer a si mesmo; em cem batalhas nenhum perigo. Não conhecer o outro e conhecer a si mesmo; uma vitória para uma perda. Não conhecer o outro e não conhecer a si mesmo, em cada batalha, derrota certa."
Sun Tzu

"Para conseguir grandes coisas, é necessário não apenas planejar, mas também acreditar; não apenas agir, mas também sonhar".
Anatole France

"Na estratégia, decisiva é a aplicação."
Napoleão Bonaparte

"As empresas não se transformam com palavras."
Henry Mintzberg

"A estratégia de ontem foi o que nos possibilitou sobreviver até agora, mas uma nova estratégia deve ser criada se quisermos garantir nossa sobrevivência no futuro."
Paul Levesque

"A estratégia sem tática é o caminho mais lento para a vitória. Tática sem estratégia é o ruído antes da derrota."
Sun Tzu

"Os guerreiros vitoriosos vencem antes de ir à guerra, ao passo que os derrotados vão à guerra e só então procuram a vitória."
Sun Tzu

"Ou você tem uma estratégia própria, ou então é parte da estratégia de alguém."
Alvin Tofler

"As ideias e estratégias são importantes, mas o verdadeiro desafio é a sua execução."
Percy Barnevick

"A essência do posicionamento estratégico é escolher atividades diferentes daquelas dos concorrentes."
Michael Porter

"A percepção é forte e a visão é fraca. Em estratégia, é importante ver o que está distante como se estivesse próximo e ter uma visão distanciada do que está próximo."
Miyamoto Musashi

Excelência

"Nós somos o que fazemos repetidas vezes, repetidamente. A excelência, portanto, não é um feito, mas um hábito."
Aristóteles

"Os problemas existentes não podem ser solucionados pelo mesmo modelo mental que os criou."
Albert Einstein

"Quanto mais você sua nos treinamentos, menos sangra no campo de batalha."
Colonel Red

"A vontade de se preparar precisa ser maior que a vontade de vencer."
Bob Knight

"Quanto mais eu treino, mais sorte eu tenho."
Tiger Woods

Fracasso

"Há 3 caminhos para o fracasso: não ensinar o que se sabe; não praticar o que se ensina; não perguntar o que se ignora."
São Beda

"Fracasso é algo que nós só podemos evitar não dizendo nada, não fazendo nada, e não sendo nada."
Denis Waitley

"Eu tenho uma história repleta de falhas e fracassos. E é por isso que eu sou um sucesso."
Michael Jordan

"O fracasso deveria ser nosso professor, não nosso coveiro. Fracasso é adiamento, não derrota. É um desvio temporário, não um beco sem saída."
Denis Waitley

Futuro

"O melhor profeta do mundo é o passado."
Lord Byron

"O futuro sempre está começando agora."
Mark Strand

"Nem o passado existe nem o futuro. Tudo é presente."
Gonzalo Torrente Ballester

"O futuro tem muitos nomes. Para os incapazes o inalcançável, para os medrosos o desconhecido, para os valentes a oportunidade."
Victor Hugo

Gestão

"Como gerente você é pago para estar desconfortável. Se você está confortável, é um sinal seguro de que você está fazendo as coisas erradas."
Peter Drucker

"Maestros não sabem como o oboé faz o seu trabalho, mas eles sabem com o que o oboé deve contribuir."
Peter Drucker

Gestão de Pessoas

"Ao lidar com pessoas, lembre-se de que você não está lidando com seres lógicos, e sim com seres emocionais."
Dale Carnegie

"Tudo aquilo que conseguimos realizar foi graças à ajuda de outras pessoas."
Walt Disney

"A pessoa que percebe como conduzir o talento coletivo de sua organização irá arrasar seus concorrentes."
Walter Wriston

Gestão de Projetos

"Sessenta por cento de todos os problemas administrativos resultam da ineficácia da comunicação."
Peter Drucker

"No começo de um projeto podemos fazer tudo, mas não sabemos nada. No final do projeto sabemos tudo, mas não podemos fazer nada."
Marcelão

"O planejamento não é uma tentativa de predizer o que vai acontecer. O planejamento é um instrumento para raciocinar, agora, sobre que trabalhos e ações serão necessários hoje, para merecermos um futuro. O produto final do planejamento não é a informação: é sempre o trabalho."
Peter Drucker

Gestão Empresarial

"Uma organização que visa o lucro é não apenas falsa, mas também irrelevante. O lucro não é a causa da empresa, mas sua validação. Se quisermos saber o que é uma empresa, devemos partir de sua finalidade, que será encontrada fora da própria empresa. Essa finalidade é: criar um cliente."
Peter Drucker

Humildade

"Tudo o que sei é que nada sei."
Sócrates

"Mente é igual paraquedas. Funciona melhor aberta."
Mario Sergio Cortella

"Triste época! É mais fácil desintegrar um átomo do que um preconceito."
Albert Einstein

"O que sabemos é uma gota. O que não sabemos é um oceano."
Isaac Newton

"Não tenho medo daqueles que nunca leram um livro. Tenho medo daqueles que leram apenas um livro, pois possuem uma única verdade."
Marcus de Carli

Inovação na Gestão

"Como seres humanos, somos definidos pelas causas a que servimos e pelos problemas que lutamos para superar. É a paixão em solucionar problemas extraordinários que cria o potencial de realizações extraordinárias."
Gary Hammel

"Uma pessoa com paixão é melhor que quarenta pessoas simplesmente interessadas."
E.M. Forster

"A fonte de produtividade mais importante da economia da informação é a criatividade, e não é possível criar coisas interessantes sempre com pressa ou no horário regulamentar das nove às cinco."
Pekka Himanen

Imaginação

"Todos nós temos nossas máquinas do tempo. Algumas nos levam de volta, elas são chamadas recordações. Algumas nos levam adiante, elas são chamadas sonhos."
Jeremy Irons

"Sonhar é acordar-se para dentro."
Mario Quintana

"Os mais hábeis na arte de sonhar são sem dúvida também os mais hábeis na arte de realizar seus sonhos."
Autor desconhecido

"Os que sonham de dia são conscientes de muitas coisas que escapam àqueles que sonham apenas à noite."
Edgar Allan Poe

"Todas as grandes descobertas e invenções foram sonhos no início. O que se pressente hoje se realiza amanhã."
Hellmuth Unger

"A vida nunca é fácil para aqueles que sonham."
Robert James Waller

"Não seja empurrado por seus problemas. Seja conduzido por seus sonhos."
Autor desconhecido

"Se seus sonhos estiverem nas nuvens, não se preocupe, pois eles estão no lugar certo; agora construa os alicerces."
Autor desconhecido

"Sonhos são as respostas de hoje às perguntas de amanhã."
Edgar Cayce

"Sem saltos de imaginação, ou sonhos, nós perdemos a excitação das possibilidades. Sonhar, afinal de contas, é uma forma de planejar."
Gloria Steinem

"Se sonhar um pouco é perigoso, a solução não é sonhar menos e sim sonhar mais."
Marcel Proust

Inteligência

"O primeiro dever da inteligência é desconfiar dela mesma."
Albert Einstein

"Inteligência é a capacidade que se tem de aceitar o que está ao seu redor."
Willian Faulkner

"A leitura é para a inteligência o que o exercício é para o corpo."
Joseph Addison

"A inteligência é feita de um terço de instinto, um terço de memória e um terço de vontade."
Carlo Dossi

Intuição

"Toda vez que você se encontrar do lado da maioria, é hora de parar e refletir."
Mark Twain

"Confie nos seus pressentimentos. Eles normalmente são baseados em fatos arquivados abaixo do nível da consciência."
Dr. Joyce Brothers

Liderança

"A distância entre o sonho e a realidade chama-se disciplina."
Bernardinho

"Gerenciar é fazer direito as coisas; liderar é fazer as coisas certas."
Peter Drucker

"Aprendi que o responsável pela concretização de um objetivo é sempre uma pessoa obcecada por uma missão."
Peter Drucker

"Os executivos de sucesso são grandes questionadores."
Warren Bennis

"O líder faz aquilo que é certo e não aquilo que é conveniente."
Bernardinho

"O líder mais bem-sucedido é aquele que tem uma visão do que ainda não foi realizado."
Mary Parker Follett

"Bons líderes fazem as pessoas sentir que elas estão no centro das coisas, e não na periferia. Cada um sente que ele ou ela faz a diferença para o sucesso da organização. Quando isso acontece, as pessoas se sentem centradas e isso dá sentido ao seu trabalho."
Warren Bennis

Marketing

"A principal preocupação das corporações deveria ser satisfazer os clientes, não simplesmente fabricar produtos."
Theodore Levit

Motivação

"A transformação pessoal requer substituição de velhos hábitos por novos."
W. A. Peterson

"Grandes resultados requerem grandes ambições."
Heráclito

"A única coisa que se coloca entre um homem e o que ele quer na vida é normalmente meramente a vontade de tentar e a fé para acreditar que aquilo é possível."
Richard M. Devos

"Cada um de nós tem um fogo no coração para alguma coisa. É nossa meta na vida encontrá-lo e mantê-lo aceso."
Mary Lou Retton

"Duas coisas que aprendi são que você é tão poderoso e forte quanto se permite ser, e que a parte mais difícil de qualquer empreendimento é dar o primeiro passo, tomar a primeira decisão."
Robyn Davidson

"Inspiração vem dos outros. Motivação vem de dentro de nós."
Autor desconhecido

Mudança

"Comece desafiando suas próprias suposições. Suas suposições são suas janelas no mundo. Esfregue-as de vez em quando, ou a luz não entrará."
Alan Alda

"Eu posso mudar. Eu posso viver da minha imaginação em vez da minha memória. Eu posso me amarrar ao meu potencial ilimitado em vez do meu passado limitado."
Stephen Covey

"Você deve ser a mudança que deseja ver no mundo."
Mahatma Gandhi

"Lentidão para mudar normalmente significa medo do novo."
Philip Crosby

"Todo mundo pensa em mudar o mundo, mas ninguém pensa em mudar a si mesmo."
Leon Tolstoi

Objetivos

"Eu não posso mudar a direção do vento, mas eu posso ajustar as minhas velas para sempre alcançar o meu destino."
Jimmy Deam

"Miramos acima do alvo para atingir o alvo."
Ralph Waldo Emerson

"O primeiro passo indispensável para conseguir as coisas que você quer da vida é este: Decida o que você quer."
Ben Stein

"Para onde você vai é mais importante do que quão rápido você está indo. Em vez de sempre focar no que é urgente, aprenda a focar no que é realmente importante."
Autor desconhecido

"Fazer duas coisas ao mesmo tempo é não fazer nenhuma delas."
Publilius Syrus

"Obstáculos são aquilo que vemos quando afastamos nossos olhos do objetivo."
Henry Ford

"Um homem sem propósito é como um navio sem leme"
Thomas Carlyle

Ousadia

"Você quer estar seguro e bem, ou você quer se arriscar e ser grande?"
Jimmy Johnson

"Daqui a vinte anos você estará mais decepcionado pelas coisas que você não fez do que pelas coisas que você fez. Portanto, livre-se das bolinas. Navegue longe dos portos seguros. Pegue os ventos da aventura em suas velas. Explore. Sonhe. Descubra."
Mark Twain

"Arrisque-se! Toda vida é um risco. O homem que vai mais longe é geralmente aquele que está disposto a fazer e a ousar. O barco da segurança nunca vai muito além da margem."
Dale Carnegie

"Arrisque-se, cometa erros. Assim é que se cresce. A dor alimenta nossa coragem. Precisamos falhar para praticar a coragem."
Mary Tyler Moore

"Abra seu corpo e sua mente para os mais sutis níveis de experiência, abandonando a tentativa de controlar e de estar certo, não se preocupando com as aparências, e não tentando estar seguro."
Stephen Levine

"Se nunca ninguém se arriscasse, Michelangelo teria pintado o piso da Capela Sistina."
Neil Simon

"Se você não se arrisca na vida, você decidiu que não quer crescer mais."
Shirley Hufstedler

Persistência

"A História tem demonstrado que os mais notáveis vencedores normalmente encontraram obstáculos dolorosos antes de triunfarem. Eles venceram porque se recusaram a se tornar desencorajados por suas derrotas."
Bryan Forbes

"A maior parte das coisas importantes no mundo foi realizada por pessoas que continuaram tentando quando parecia não haver esperança de modo algum."
Dale Carnegie

"Existem homens que lutam um dia e são bons; existem outros que lutam um ano e são melhores; existem aqueles que lutam muitos anos e são muito bons. Porém, existem os que lutam toda a vida. Estes são os imprescindíveis."
Bertold Brecht

"A perseverança não é uma longa corrida; ela é muitas corridas curtas, uma depois da outra."
Charles W. Elliot

"De fato, não fracassei ao tentar, cerca de 10.000 vezes, desenvolver um acumulador. Simplesmente, encontrei 10.000 maneiras que não funcionam."
Thomas A. Edison

"Considere o selo postal: sua utilidade consiste na habilidade de aderir a algo até que ele *atinja seu destino."*
Josh Billings

"O primeiro requisito para o sucesso é a habilidade de aplicar incessantemente suas energias física e mental a qualquer problema, sem se cansar."
Thomas Edison

"Os pingos da chuva fazem um buraco na pedra não pela violência, mas por cair com frequência."
Lucretius

"Um diamante é um pedaço de carvão que se saiu bem sob pressão."
Autor desconhecido

Planejamento

"A maioria das pessoas não planeja fracassar, fracassa por não planejar."
John L. Beckley

"A única coisa do planejamento é que as coisas nunca ocorrem como foram planejadas."
Lúcio Costa

"É importante ter metas, mas também é fundamental planejar cuidadosamente cada passo para atingi-las."
Bernardinho

Problemas

"A adversidade tem o efeito de despertar talentos que em circunstâncias prósperas teriam continuado adormecidos."
Horácio

"Contratempos são como facas, que nos servem ou nos cortam, conforme as pegamos pelo cabo ou pela lâmina."
James Russel Lowell

"No meio da confusão, encontre a simplicidade. A partir da discórdia, encontre a harmonia. No meio da dificuldade reside a oportunidade."
Albert Einstein

"O problema não é que existem problemas. O problema é esperar que seja de outra forma e pensar que ter problemas é um problema."
Theodore Rubin

"A vida começa onde termina a sua zona de conforto."
Neale Donald Walsch

"Os grandes navegadores devem sua reputação às grandes tormentas e tempestades."
Epicuro

"Todas as coisas são difíceis antes de se tornarem fáceis."
Thomas Fuller

"Todo problema contém a semente de sua própria solução."
Norman Vicent Peale

"Todos os problemas se tornam menores se você não se desvia deles, mas os confronta."
William F. Halsey

Processo Decisório

"Se você escolhe não decidir, você já tomou uma decisão."
Neil Peart

"Onde há uma empresa de sucesso, alguém tomou alguma vez uma decisão valente."
Peter Drucker

"As reuniões são indispensáveis quando não se quer decidir nada."
John Kenneth Galbraith

"Decidir comprometer-se com resultados de longo prazo ao invés de reparos a curto prazo é tão importante quanto qualquer decisão que você fará em toda a sua vida."
Anthony Robbins

"Se fossem escolher entre alternativas, as decisões seriam fáceis. Uma decisão inclui a seleção e a formulação de alternativas."
Burke

"A verdadeira decisão é medida pelo fato de que você tomou uma atitude. Se não houver atitude, então você realmente não decidiu."
Anthony Robbins

"O fraco fica em dúvida antes de tomar uma decisão; o forte, depois."
Kal Kraus

"A pior decisão é a indecisão."
Benjamin Franklin

"A administração é feita tomando-se decisão e vendo se essas decisões estão implementadas."
Harold Genee

Quebra de Paradigma

"Muito do que lhe foi ensinado já foi, um dia, a visão radical de indivíduos que tiveram a coragem de acreditar que o que sua mente e coração diziam era verdadeiro, em vez de aceitar as crenças comuns de sua época."
Ching Ning Chu

Questionamento

"Uma pergunta prudente é metade sabedoria."
Francis Bacon

"Às vezes, questões são mais importantes que respostas."
Nancy Willard

"Aceitamos muitos conceitos porque eles parecem ser as respostas lógicas a nossas questões. Mas será que fizemos as questões certas?"
Harold L. Klawans

"Não é a resposta que ilumina, mas a pergunta."
Decouvertes

"A razão pode responder perguntas, mas a imaginação tem que perguntá-las."
Autor desconhecido

"É melhor conhecer algumas das questões do que todas as respostas."
James Thurber

"Boas perguntas são superiores a respostas fáceis."
Paul A. Samuelson

"Perguntas de alto nível criam uma vida de alto nível. Pessoas bem-sucedidas fazem melhores perguntas, e como resultado, obtêm melhores respostas."
Anthony Robins

"O importante é não parar de questionar."
Albert Einstein

"Você consegue saber se um homem é inteligente pelas suas respostas. Você consegue saber se um homem é sábio pelas suas perguntas."
Naguib Mahfouz

Realização

"Grandes obras são feitas por pessoas que não têm medo de serem grandes."
Fernando Flores

"Não existe grandeza onde não há simplicidade, bondade e verdade."
Leon Tolstoi

Simplicidade

"Por muito tempo tem sido um dos meus axiomas que as pequenas coisas são infinitamente mais importantes."
Sir Arthur Conan Doyle

"Complicar é fácil. Difícil é simplificar."
Max Gehringer

"Que ninguém se engane, só se consegue a simplicidade através de muito trabalho."
Clarice Lispector

"A simplicidade é o que há de mais difícil no mundo: é o último resultado da experiência, a derradeira força do gênio."
George Bernard Shaw

Sorte

"Sorte é uma encruzilhada onde a preparação e a oportunidade se encontram."
Autor desconhecido

"Sorte é tenacidade de propósito."
Elbert Hubbard

"A única coisa segura sobre sorte é que ela mudará."
Bret Harte

"A sorte tem um hábito peculiar de favorecer aqueles que não dependem dela."
Autor desconhecido

"Acho que sorte é bastante previsível. Se você quiser mais sorte, arrisque-se. Seja mais ativo. Apareça mais frequentemente."
Brian Tracy

Sucesso

"O sucesso nunca é definitivo e o fracasso nunca é fatal. É a coragem que conta."
George F. Tiltonood

"O impossível, em geral, é o que não se tentou."
Jim Goodwin

"O único lugar onde sucesso vem antes de trabalho é no dicionário."
Albert Einstein

Superação

"No meio de qualquer dificuldade encontra-se a oportunidade."
Albert Einstein

"As dificuldades devem ser usadas para crescer, não para desencorajar. O espirito humano cresce mais forte no conflito."
Willian Ellery Channing

"A verdadeira medida de um homem não é como ele se comporta em momentos de conforto e conveniência, mas como ele se mantém em tempos de controvérsia e desafio."
Autor desconhecido

"A arte de vencer se aprende nas derrotas."
Símon Bolívar

Talentos e Gênios

"Somente o gênio tem a coragem de não tentar ser agradável a todos."
Emanuel Wertheimer

"O Gênio é aquele que tem uma grande paciência."
Thomas Edison

"O gênio apenas pode respirar numa atmosfera de liberdade."
Stuart Mill

"Os talentos atingem metas que ninguém mais pode atingir, os gênios atingem metas que ninguém jamais consegue ver."
Arthur Schopenhauer

"Nunca existiu um gênio sem uma pitada de loucura."
Aristóteles

"A primeira e última coisa requerida do gênio é o amor à verdade."
Johan Wolfgang Von Goethe

"Quando um gênio verdadeiro aparece neste mundo, você pode conhecê-lo pelo seguinte sinal: os ignorantes estão todos unidos contra ele."
Jonathan Swift

"Qualquer tolo inteligente consegue fazer coisas maiores e mais complexas. É necessário um toque de gênio e muita coragem para ir na direção oposta."
Albert Einstein

"Aprender constantemente e involuntariamente é próprio do gênio."
Marie Von Ebner-Eschenbach

Valores

"O perfeito valor consiste em fazer, sem testemunhas, o que se faria diante de todo mundo."
François de La Rochefocauld

"Todos nós devemos ser coerentes com nosso próprio discurso."
Jack Welch

"Valor é o que é preciso para levantar e falar, mas também o que é necessário para sentar e escutar."
Winston Churchill

"Não tente ser bem-sucedido, tenta antes ser um homem de valor."
Albert Einstein

Verdade

"Apenas quando somos instruídos pela realidade é que podemos mudá-la."
Bertold Brecht

"Perante a realidade, o que julgamos saber claramente ofusca o que deveríamos saber."
Gaston Bachelard

"Os que pretendem ter sempre razão, normalmente são os menos razoáveis."
Theophile Gaultier

"A razão é um sol impiedoso; ela ilumina, mas cega."
Romain Rolland

"Aqueles que assumem o poder confundem que serem donos do poder significa serem donos da verdade."
Stephen Kanitz

"Dois excessos: Excluir a razão e admitir apenas a razão."
Blaise Pascal

"Todas as grandes verdades começam como blasfêmias."
George Bernard Shaw

"Crê nos que buscam a verdade. Duvida dos que a encontraram."
André Gide

"Não existem verdades, existem hipóteses que ainda não foram refutadas."
Stephen Kanitz

Visão Estratégica

"O Futuro não existe, realmente. Ele é criado por nós, no presente."
Tolstoi

"A melhor maneira de prever o futuro é criá-lo."
Peter Drucker

"As oportunidades normalmente se apresentam disfarçadas de trabalho árduo e é por isso que muitos não as reconhecem."
Ann Landers

"A direção é mais importante que a velocidade."
Princípios de gestão da Toyota

"Há três coisas que nunca voltam atrás: a palavra proferida, a flecha desferida e a oportunidade perdida."
Provérbio Chinês

"Não sobreviverão os mais fortes e nem os mais inteligentes, e sim os que melhor se adaptarem."
Charles Darwin

"O futuro está oculto atrás dos homens que o fazem."
Anatole France

"O futuro pertence àqueles que veem as oportunidades antes que se tornem óbvias."
John Scully

"O futuro é comprado pelo presente."
Samuel Johnson

"O futuro está sempre começando agora."
Mark Strand

VOLUME 2

EM BREVE, O OUTRO LADO DA MOEDA.

por Zé Luiz Tavares